神道学者
三橋 健 編

日本書紀に秘められた古社寺の謎

神話と歴史が紡ぐ
古代日本の舞台裏

ウェッジ

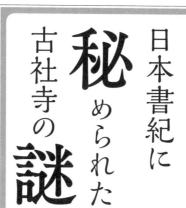

はじめに

奈良時代から平安時代前期にかけて、わが国では国家的事業として史書の編纂が行われ、六部の勅撰の正史が完成した。それらを「六国史《りっこくし》」と通称し、その筆頭に『日本書紀《にほんしょき》』がある。養老《ようろう》四年（七二〇）五月に完成し、「日本紀《にほんぎ》」三十巻と系図一巻（現存しない）とからなる。舎人親王《とねりしんのう》らが撰者で、巻一・二は神代巻、巻三から巻三十までは神武《じんむ》天皇から持統《じとう》天皇に至る歴史書で、漢文・編年体で書かれている。

その『日本書紀』が成立してから、今年（令和二年＝二〇二〇年）は、ちょうど千三百年にあたるということで、各地で記念のイベントや特別展、あるいは講座等が催されており、また『日本書紀』関係の書物も多く出版されている。

本書もその一冊で、書名が示すように、『日本書紀』に登場する神社や寺院に視点を据え、そこに秘められた謎を解いてみようとするものである。

ところで、『日本書紀』が成立した奈良時代は、この国のかたちが整えられ、さらに「日本」という国号を対外的に押し出した時代でもあった。そのようななかで神社や寺院の果たした役割はとても大きかった。古代における神社や寺院は、日本の歴史を動かし、日本文化を育んだといっても過言ではない。それらのことを私どもは『日本書紀』から知ることができる。つまり『日本書紀』には日本の国の成り立ちと日本文化の真相の謎が秘められている。

一般的に神社や寺院は崇拝・信仰の対象として理解されている。しかし、古代における神社はまつりごと（政）、すなわち世の中を平安に治めるうえで重要な役割を担っていた。政《まつりごと》の中枢には神社があり、古代の各氏族の首長である「氏上《うじのかみ》」は、氏神《うじがみ》を祀《まつ》る者として重要な役割を担っていた。

一方、寺院も同じことで、六世紀半ばに百済《くだら》から日本の朝廷へ仏教が公伝すると、それは政治や権力の装置として機能するようになった。こうしたことを証言しているのが、ほかならぬ『日本書紀』である。

驚くべきは、『日本書紀』に登場する神社や寺院の多くが、千三百年の星霜《せいそう》をへて連綿と現在にまで続いてきたことである。それらの神社や寺院は日本の歴史と信仰、そして文化の骨格となったものばかりである。

本書では、それらの神社や寺院が、いつ何のために創建され、また日本及び日本人の歴史や信仰にどのような影響を与えたのか、そのような根本問題を写真とともにわかりやすく解説している。

なお、本書で取り扱う神社や寺院は、第4章を除けば『日本書紀』に登場するものである。したがって、いずれも悠久の歴史と伝統をもつ古社寺であり、それだけに多くの謎を秘めているといえよう。

本書で取り上げている古社寺をいくつか紹介するかたちで内容を概説させていただくと、まず第1章「ヤマト王権を確立させた知られざる大神社の秘史」で最初に注目するのは、奈良県桜井市に所在する大神《おおみわ》神社である。大物主神《おおものぬしのかみ》を祀る日本最古の神社で、この地に大和政権があったとされている。

次に、わが国における至高至貴の神である天照大神《あまてらすおおみかみ》を祀る三重県伊勢市の伊勢神宮に注目した。イギリスの歴史家アーノルド・トインビーの言葉をかりるならば、伊勢神宮は「あらゆる宗教の基底をなしている統一的なるもの」を感ずる一大聖地である。それだけに神秘的な謎も多い。また伊勢の地に天照大神が祀られる以前に、倭《やまと》姫命《ひめのみこと》は御霊代《みたましろ》の八咫鏡《やたのかがみ》を頭上にいただき、それが鎮まる良き地を求めて各地をご巡幸されたと『倭姫命世記《やまとひめのみことせいき》』は伝えている。そのようななかで、ここでは主として三種の神器のひとつ八咫鏡を伊勢神宮の内宮《ないくう》に祀る由来を中心に解説する。

次に注目するのは、福岡県宗像《むなかた》市に所在する宗像大社である。なかでも「海の正倉院」といわれる沖ノ島に視点を据え、そこで執り行った祭祀に供えられた神宝の数々に心を寄せてみる。玄界灘に浮かぶ「絶海の孤島」が重視されたのはなぜか。その謎を解いてみる。

古代日本において伊勢神宮とともに重要な役割を担ったのは島根県出雲《いずも》市大社町の出雲大社である。『日本書紀』の国譲り神話では大国主神《おおくにぬしのかみ》でなく大己貴神《おおなむちのかみ》と表記するが、国を譲った後、大己貴神は「わたしは遠く離れた所へ隠れます」と言い終えて、姿を消したとある。これは目に見えない神々の世界を意味している。第2章「古代の伝説・事件の舞台となった社寺の謎」では、まず冒頭にそのような国譲りの内実を訊ねてみる。

また第2章では、福岡市東区香椎《かしい》に鎮座する香椎宮《かしいぐう》にも着目する。主要な祭神は仲哀《ちゅうあい》天皇と皇后の神功《じんぐう》皇后である。なかでも神功皇后は八幡《はちまん》神として崇拝される応《おう》神《じん》天皇の母神であり、聖母とも呼ばれた。香椎宮は明治時代までは「香椎聖母大菩《かしいせいぼだいぼ》薩《さつ》」と尊称され、九州地方の聖母信仰の中心的な神宮であった。また香椎宮は『万葉集』や『延喜式《えんぎしき》』では「香椎廟《びょう》」と呼ばれていたことの謎を解き明かしてみる。

次に、大阪市住吉《すみよし》区に所在する住吉大社を解説する。当社は河内王朝の守護神として発展したが、後には「すみよっさん」と呼ばれて多くの人々から親しまれ、航海を守る神として有名である。ここでも神功皇后を第四本宮に祀るが、第一本宮に祀る底《そこ》筒男命《つつのおのみこと》、第二本宮に祀る中筒男命《なかつつのおのみこと》、第三本宮に祀る表筒男命《うわつつのおのみこと》の三神が中心的な祭神で、これを「住吉三神」「住吉大神」と総称する。これらは禊祓《みそぎはらえ》を司る神として尊崇され、一方、海中より出現されたことから、海の神、航海安全の神として、とくに航海関係に携わる人々や漁民の間で篤く信仰されている。ただ「筒男《つつのお》」の「つつ」がよくわからない語で、今後の研究が俟《ま》たれる。『住吉大社神代記』は注目すべき古縁起であり、また河内王朝の即位儀礼と関係の深い八十島祭《やそしままつり》も謎に包まれたところが多い。

第3章「飛鳥の古寺・廃寺の正体」では、まず奈良県高市郡明日香村にあった豊浦《とゆら》寺《でら》をとりあげる。現在は向原寺《こうげんじ》となっているが、もとは建興寺《けんこうじ》と称し、飛鳥寺《あすかでら》（法興寺）と並ぶ日本で最も古い寺院である。

なお、仏教公伝について『日本書紀』では、欽明天皇《きんめい》十三年（五五二）とするが、『上宮聖徳法王帝説《じょうぐうしょうとくほうおうていせつ》』や『元興寺伽藍縁起幷流記資財帳《がんごうじがらんえんぎならびにるきしざいちょう》』には、欽明天皇の御代の戊午年《ぼご》（五三八）とある。これらの伝記や縁起類は当然のことながら『日本書紀』の編纂史料として用いられただろうが、このような齟齬《そご》がみられる。また、蘇我《そが》氏と物部《もののべ》氏の崇仏・廃仏論争が行われたとされるが、その真相も考えてみよう。

奈良県奈良市西ノ京に所在する薬師寺《やくしじ》も取り上げている。天武《てんむ》天皇・持統天皇ゆかりの古寺である。当初は飛鳥の藤原京、現在の橿原《かしはら》市城殿町《きどのちょう》に造立された。それが平城遷都後に現在地に移転した。この薬師寺を通して朝廷が積極的に薬師信仰を導入したことを再考する。

第４章「なぜか日本書紀が語らない有名古社寺の謎」では、再び神社に戻り、日本で最も数の多いといわれる八幡神社の総本宮である宇佐《うさ》神宮を話題にする。大分県宇佐市に鎮座するが、奈良時代に東大寺の大仏造立に協力したことは有名で、現在の手向山八幡宮《むけやま》《た》がその名残をとどめている。これを機に宇佐の八幡神は地方から中央へと進出し、また、はやくから仏教と習合し、「八幡大菩薩」と称された。複雑で謎の多い神社であるが、その正体をわかりやすく解説する。

最後に京都に所在する古社寺から上賀茂神社《かみがも》・下鴨神社《しもがも》・松尾大社《まつのお》・六角堂《ろっかくどう》に注目する。これらは『日本書紀』に登場しないが、いずれも著名であり、言及する必要がある。

本書執筆時は、世界中が新型コロナウイルスの渦中にあったが、人間社会と感染症の戦いは現代にはじまったものではない。『日本書紀』をひもとくと、第十代崇神《すじん》天皇の時代に疫病《えきびょう》が大流行し、多くの人が亡くなって社会が混乱したという記述がある。このとき天皇が神託にしたがって奈良の三輪山《みわやま》の神（大物主神）を祀らせ、また八十万《やそよろず》の神々も祀り、神社制度を整えると、ようやく疫病は収束して国は平穏になり、民は豊かになったという。感染症流行《パンデミック》は人間に大きな脅威を与えると同時に、社会の大変革の契機ともなりうる。そんなことも本書から学び取っていただければ幸いである。

なお、本書を構成・執筆するうえで古川順弘氏にご協力をいただいた。感謝の気持ちを表したい。

令和二年（二〇二〇）六月

三橋　健

第1章 ヤマト王権を確立させた知られざる大神社の秘史

第3章 飛鳥の古寺・廃寺の正体

第4章 なぜか日本書紀が語らない有名古社寺の謎

＊引用した『日本書紀』原文（訓み下し文）の表記は、原則として、小島憲之ほか校注『新編日本古典文学全集 日本書紀』（全三巻）小学館に依拠している。神名は原則として漢字で表記したが、頻出する神名については、読みやすさを考慮して一部カタカナ表記を用いた。

本書に登場する古社寺

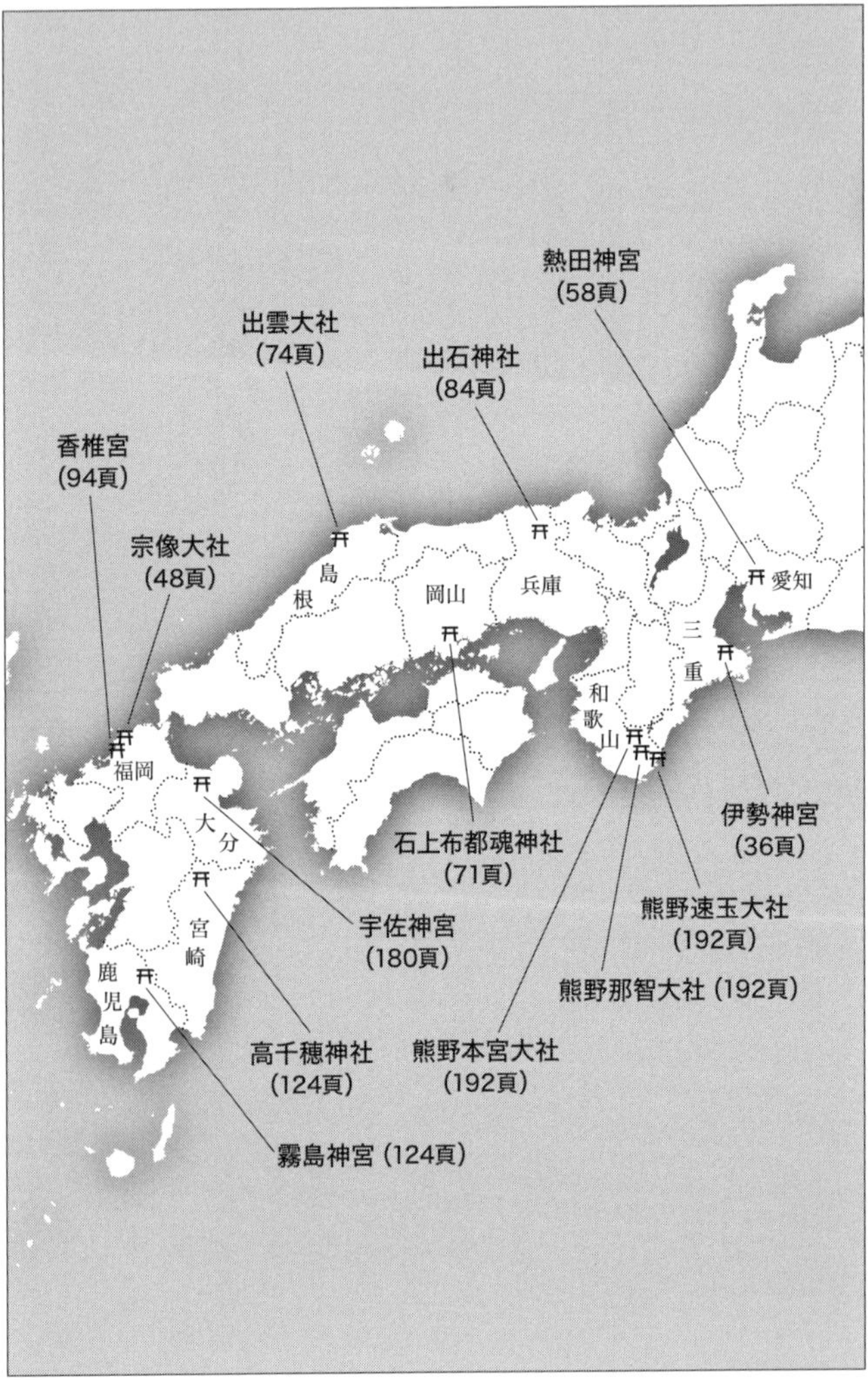

熱田神宮
(58頁)
出雲大社
(74頁)
出石神社
(84頁)
香椎宮
(94頁)
宗像大社
(48頁)
島根
岡山
兵庫
愛知
三重
和歌山
福岡
大分
宮崎
鹿児島
伊勢神宮
(36頁)
石上布都魂神社
(71頁)
熊野速玉大社
(192頁)
宇佐神宮
(180頁)
熊野那智大社 (192頁)
高千穂神社
(124頁)
熊野本宮大社
(192頁)
霧島神宮 (124頁)

【畿内】

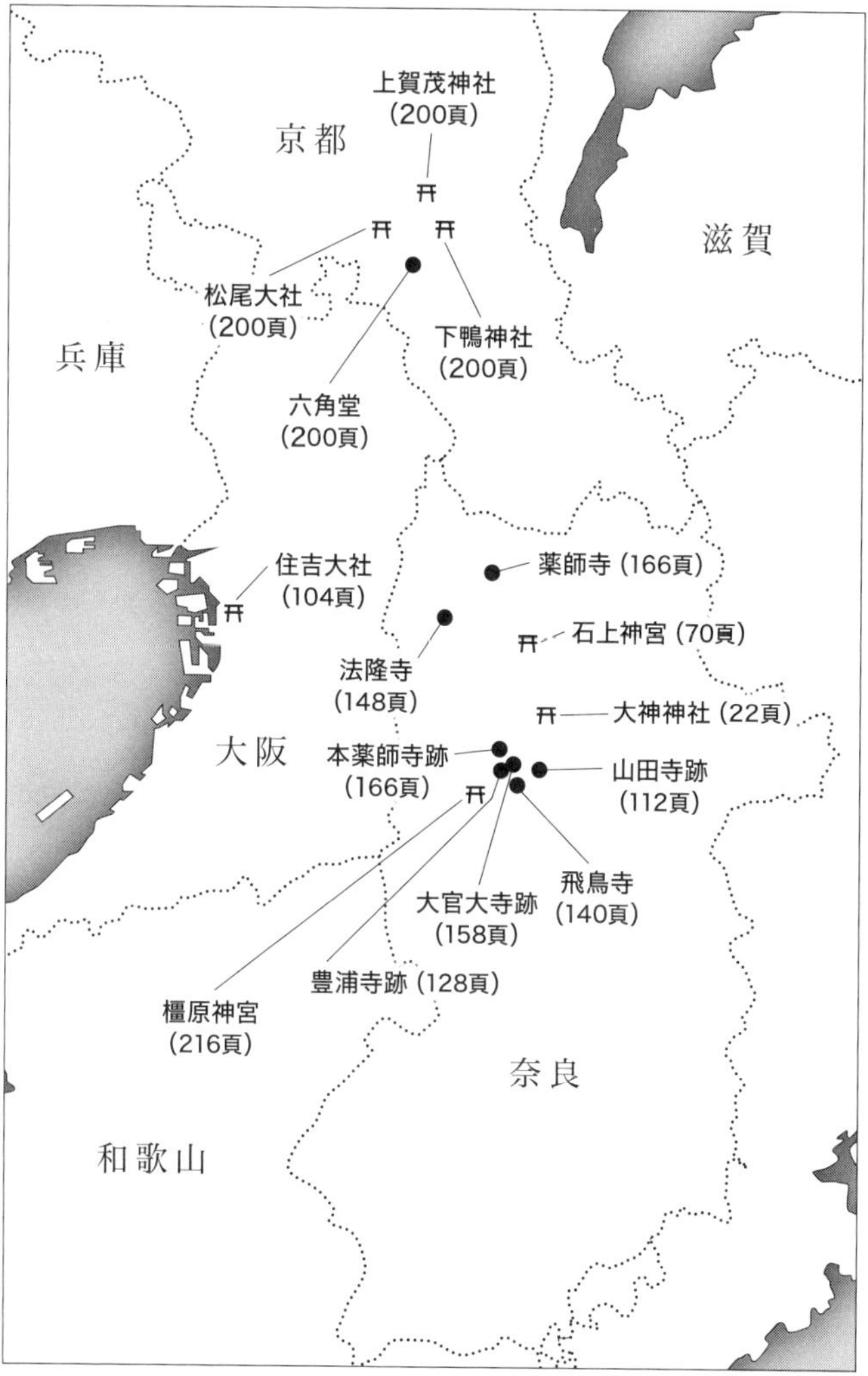
上賀茂神社
(200頁)
京都
滋賀
松尾大社
(200頁)
下鴨神社
(200頁)
兵庫
六角堂
(200頁)
住吉大社
(104頁)
薬師寺 (166頁)
石上神宮 (70頁)
法隆寺
(148頁)
大神神社 (22頁)
大阪
本薬師寺跡
(166頁)
山田寺跡
(112頁)
飛鳥寺
(140頁)
大官大寺跡
(158頁)
豊浦寺跡 (128頁)
橿原神宮
(216頁)
奈良
和歌山

古代天皇系図（41代持統天皇まで）

○数字は天皇代数

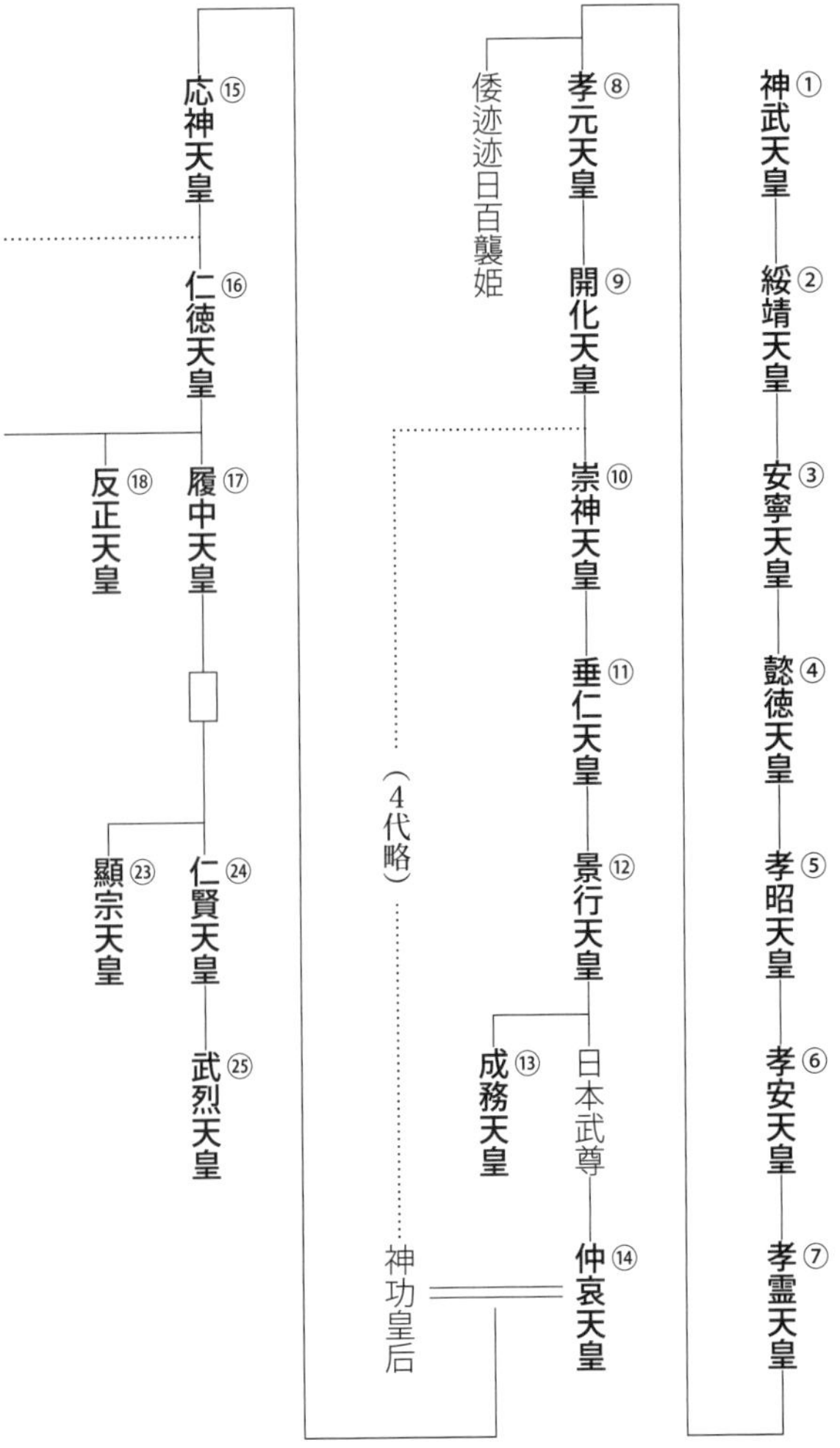

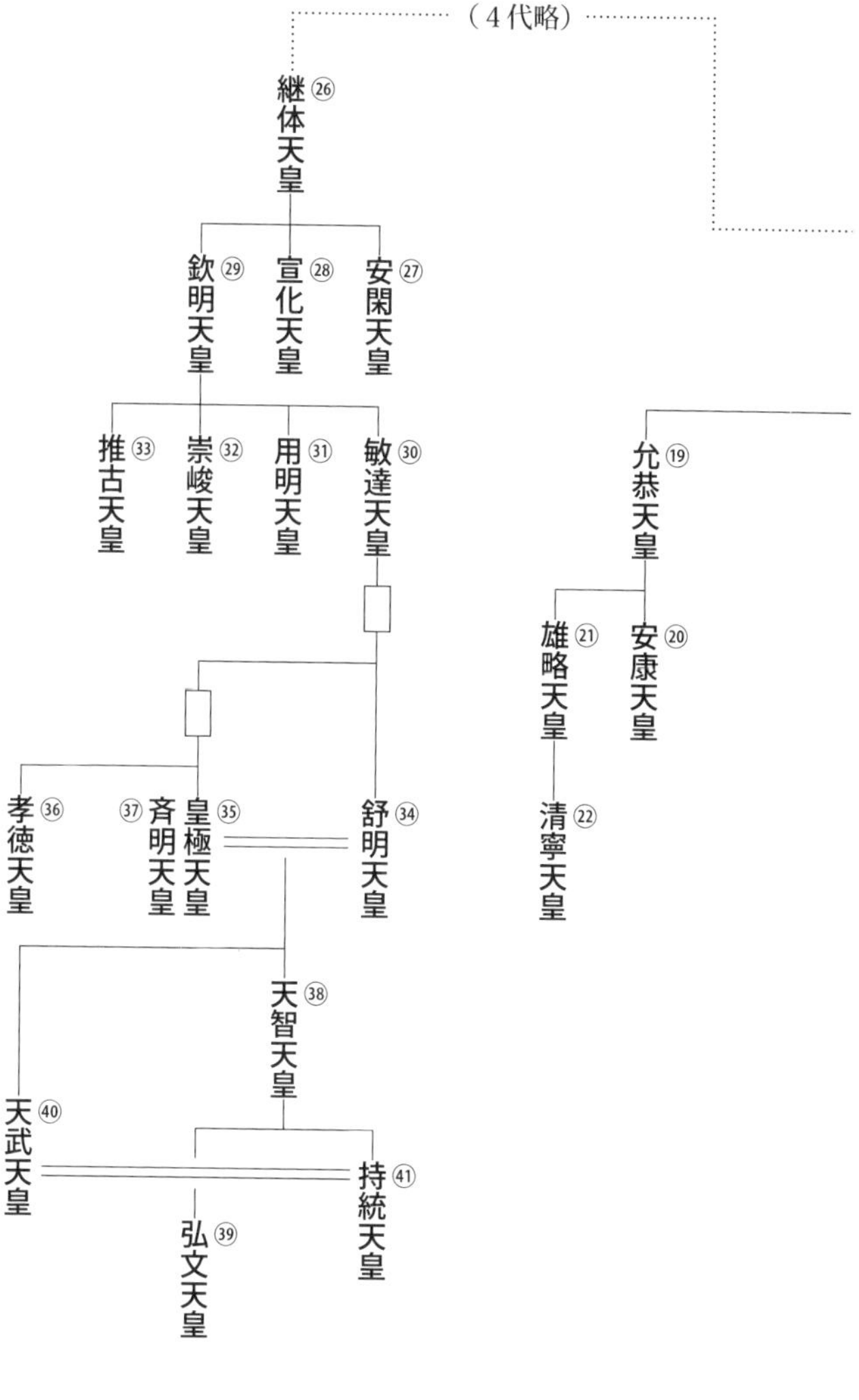
（4代略）
継体天皇㉖
安閑天皇㉗
宣化天皇㉘
欽明天皇㉙
敏達天皇㉚
用明天皇㉛
崇峻天皇㉜
推古天皇㉝
舒明天皇㉞
皇極天皇㉟
斉明天皇㊲
孝徳天皇㊱
天智天皇㊳
天武天皇㊵
持統天皇㊶
弘文天皇㊴
允恭天皇⑲
安康天皇⑳
雄略天皇㉑
清寧天皇㉒

第1章

ヤマト王権を確立させた知られざる大神社の秘史

日本最古の神社 大神《おおみわ》神社

——ヤマト王権発祥地の深層

大神神社
奈良県桜井市三輪

三輪山の神オオモノヌシを祀る日本最古の神社

　奈良盆地の東辺は青々とした山並みが続いているが、その東南の一角に、ひときわ秀麗な円錐型の山容が浮かび上がっている。古くから神霊の鎮まる聖なる山（神奈《かむな》備《び》）として信仰されてきた三輪山《みわやま》である。標高は四六七メートルほどだが、その山肌は今も鬱蒼とした森に覆われ、幾多の神話や伝説を生んできた霊山にふさわしい神秘性を漂わせている。

　その西麓に鎮座するのが大神《おおみわ》神社だ。大物主神《おおものぬしのかみ》を祭神とするが、古来、本殿をもたず、オオモノヌシが鎮まる三輪山そのものをご神体としてきた。拝殿の奥にある三ツ鳥居を通して神体山を拝するというスタイルは神社本来のありようを示しているともいわれ、大神神社は、神社のなかでもとくに古い歴史をもつ古社とされてきた。「日本最古の神社」と呼ばれることもある。

三輪山　奈良盆地南東部に位置し、なだらかな円錐型の山である

そんな三輪山と大神神社、そしてオオモノヌシをめぐる伝承の最古層を書きとどめているのが、『日本書紀』だ。

『日本書紀』によると、第十代崇神《すじん》天皇は磯城《しきの》瑞籬宮《みずかきのみや》を都とした。その場所は三輪山西麓の地、つまり大神神社の周辺と推定されている。西麓の巻向《まきむく》川と初瀬《はつせ》川に挟まれた三角地帯が古くから「水垣郷」と呼ばれていたから、というのが根拠のひとつである。

その崇神天皇の時代に、疫病が国中に流行して、多くの民が亡くなるという混乱が生じた（これは感染症流行に関する日本最初の記録である)。百姓は流離し、なかには背く者もあり、その勢いは天皇の徳をもってしても収まらない。

そこで天皇は神意を伺おうと占いを行った。すると、天皇の大おばにあたる倭迹《やまとと》迹日百襲姫命《とひももそびめのみこと》が神憑《かみがか》りになり、「私をよく祀れば天下は平穏になるだろう」と神託を告げた。天皇が「あなたはいずれの神か」と尋ねると、「私は倭《やまと》(大和)国のなかにいる神で、大物主神という」という答えがかえってきた。天皇は神託にしがたってオオモノヌシを祀ったが、一向に効験はあらわれない。天皇はさらなる神示を得ようと必死に祈った。すると夢にオオモノヌシが現れ、こう告げた。

「我が子、大田田根子《おおたたねこ》に私を祀らせるならば、たちどころに平穏になるだろう」

これをうけて、天皇が早速、大田田根子なる人物を探させたところ、茅渟県《ちぬのあがた》の陶邑《すえのむら》で見つけ出され、召し出された。

「茅渟県の陶邑」は現在の大阪府堺市を中心とした泉北丘陵の一帯にあたり、その地名は、数多くの窯がつくられて陶器《すえき》(須恵器)の製作で栄えたことにちなんでいる。

さて、天皇が大田田根子に出自を尋ねると、彼は「父は大物主神で、母は陶津耳《すえつみみ》の娘の活玉依媛《いくたまよりひめ》です」と答えた。大田田根子はたしかにオオモノヌシの「我が子」であった。

そして天皇は大田田根子にオオモノヌシを祀らせ、さらに八十万《やそよろず》の神々も祀り、神社の制度を整え定めると、ようやく疫病が途絶えて国内は平穏となり、五穀豊穣となって人民は豊かになった。

以後、大田田根子が大神《おおみわ》（オオモノヌシ）の祭祀を司り、彼は三輪君《みわのきみ》（三輪氏、大神氏）の始祖となった。

オオモノヌシの神婚譚としての箸墓伝説

これが『日本書紀』にみえる三輪山とオオモノヌシの説話のあらましで、三輪山をご神体としてオオモノヌシを祀る大神神社の縁起譚でもあり、大神神社の神官を世襲した三輪氏の祖先伝承にもなっている。

大神神社 古来、本殿を設けず、原初の神祀りの様を伝える古社

さらに『日本書紀』は巫女《みこ》である倭迹迹日百襲姫命がオオモノヌシの妻となったと記し、その後日譚も記している。倭迹迹日百襲姫命は夫がいつも昼は姿を現さず夜だけ通ってくるので、姿を見たいと願うと、翌朝、櫛笥《くしげ》（櫛を入れる箱）の中に小蛇《こおろち》の姿をとった神がいた。姫が驚き叫ぶと、神は「恥をかかせたな」と言って三輪山へ登り去る。姫が神を仰ぎ見て後悔し、尻もちをつくと、そのはずみで箸が陰部に突き刺さり、死んでしまった。その亡骸を葬った墓は箸墓《はしはか》と呼ばれたという。

この説話には、オオモノヌシが三輪山の神であり、蛇を化身とすることが暗示されている。また、ここで言及されている「箸墓」は大神神社の西側にある前方後円墳の箸墓古墳（桜井市箸中）として今も残っており、三世紀中頃の築造と推定され、宮内庁はこれを倭迹迹日百襲姫命の墓（大市墓《おおいちのはか》）として管理している。

『古事記』にもおおむねこれと同じ記述があるが、大田田根子（記では意富多多泥古と書かれる）は「河内《かわち》の美努村《みののむら》」の出身で、しかもオオモノヌシと活玉依媛のあいだの子ではなく玄孫となっている。また、箸墓伝説がなく、その代わりに、オオモノヌシと活玉依媛の神婚譚が詳述されている。

もっとも、「河内の美努村」については、現在の大阪府八尾市上之島町付近と説明されることが多いものの、大阪府堺市中区の見野山《みのやま》のことではないか、という意見もある（森浩一「三輪と和泉」、『三輪山の考古学』所収）。見野山は『日本書紀』がいう「茅渟県の陶邑」に含まれる、もしくはそこに近接する土地である。

このように若干の違いはあるものの、記紀の伝承には、三輪山が初期ヤマト王権の重要な祭祀の場であったこと、三輪山の神はときに祟りをなすオオモノヌシであり、王権にとっては無視できない存在であったこと、そして大田田根子を祖とする三輪氏がオオモノヌシを祀る大神神社の祭祀一族となったこと、といった点は共通している。つまり、これらの要素が三輪山伝承と大神神社の創祀譚の骨子であり、エッセンスなのだろう。

箸墓古墳　扇状地上に形成された纒向遺跡のひとつ

考古学的にみた三輪山山麓の歴史

だが、記紀に示されたこのような三輪山をめぐる伝説――神話と呼んでもいいだろうが――は、はたしてどれだけの史実を含んでいるのだろうか。

ここでいったん記紀を離れて、考古学的な観点から三輪山をみてみたい。

弥生時代には、三輪山の西麓、つまり巻向川と初瀬川に挟まれた地域で、大神神社が鎮座するエリアに、二つほど大きな集落が出現しているが（三輪・金屋遺跡と芝遺跡）、それはあくまで集落であって、神マツリの祭祀が行われていたことを示す遺跡・遺物はこの一帯には見つかっていない。

弥生時代末期の三世紀に入ると、これらの集落は衰退してゆくが、それと入れ替わるように三輪山の北西麓に広がる平地（纒向《まきむく》地域）に巨大な集落が出現する。その集落跡は古地名にちなんで纒向遺跡と呼ばれるが、範囲は東西約二キロメートル、南北約一・五キロメートルに及び、同時代の集落遺跡と比べると異例の規模をもつ。しかも全長二八〇メートルの箸墓古墳を筆頭に、石塚、ホケノ山といった大型の前方後円墳を擁していて、古墳時代の幕開けを告げている。また、農耕具がほとんど出土しない代わりに、大和以外の地域から運ばれたとみられる土器が多く出土していて、関東から九州までさまざまな地域と交流のあったことが示されていた。

　これらのことは奈良盆地にはじめて「都市」が出現したことを示す。そうなると、この纒向の地が初期ヤマト王権の中心地、都であった可能性が当然浮上してくる。この地こそが邪馬台国の王都だと主張する人もいる。その王権の主はといえば、記紀の記述と照合するならば、三輪山の麓に宮都を営んだという、第十代崇神、第十一代垂仁《すいにん》、第十二代景行《けいこう》の各天皇が有力候補としてあがってくる。

　ちなみに、纒向遺跡からも祭祀遺物は出土しているが、そこ

纒向遺跡周辺地図

は三輪山から北西の、やや離れた場所であり（大神神社から二～三キロメートル）、三輪山祭祀と直接つながるものと考えることはできない。

纒向遺跡消滅後に三輪山祭祀がはじまった

ところが、纒向の巨大集落は四世紀中頃には消えてしまう。これはヤマト王権の宮都が大和外の地域に遷ったことを暗示する（『日本書紀』によれば、景行天皇は晩年に宮都を大和から近江に遷し、それ以後は河内など大和以外の地を宮都とした天皇がしばらく続いている）。

すると今度は、それまではなかば放置されていた三輪山西麓地域に異変が生じる。大神神社の境内地から四世紀後半にさかのぼる玉、勾玉《まがたま》、祭祀用土器などの祭祀遺物が出土していることから、この時期から三輪山で祭祀が行われるようになったとみられているのだ（寺沢薫「三輪山の祭祀遺跡とそのマツリ」、『大神と石上』所収）。

五世紀後半までには、祭祀は山中にある特定の磐座《いわくら》を祭場として行われるようになる。磐座とは神霊の依《よ》り代《しろ》として祭祀の対象となった巨石のことで、三輪山の山中には磐座とみられる巨石が点在している。代表的なのは山ノ神遺跡と奥垣内遺跡で、それぞれ巨石の周囲から勾玉、土器、鏡などの祭祀遺物が出土していることから、巨石が磐座として祭祀の対象になっていたことがわかる。そして遺物の年代から、五世紀後半には磐座祭祀が明確なかたちで行われていたという推測が可能になるのだ。

六世紀に入ると祭場はしだいに場所が限定化されてゆき、六世紀後半には、現在、「禁足地」と呼ばれている大神神社の拝殿の先に広がる聖域での祭祀が中心になってゆく。そしてそれが現在の大神神社につながってゆくのだ。

整理すると、次のような流れになる。

〜二世紀末：三輪山西麓に集落が存在。
三世紀：西麓集落は衰退し、北西麓に巨大集落が出現し、箸墓古墳が築造される（纒向遺跡）。
四世紀半ば：北西麓の巨大集落は消滅。一方、西麓で祭祀が行われはじめる。
五世紀後半：西麓あるいは山中で磐座祭祀が盛行。
六世紀後半：「禁足地」周辺に祭場が限定されてゆく（大神神社の成立へ）。

記紀では、崇神天皇の時代に三輪山の麓に都がつくられ、同時に三輪山祭祀がはじまったことになっているが、考古学的にみると事態は複雑で、初期ヤマト王権の宮都と目される纏向遺跡が栄えた時期には三輪山祭祀が行われた形跡はなく、纏向遺跡が消滅して山麓地域全体が寂れ出した時期からようやく三輪山祭祀がはじまり、それが大神神社の成立へとつながっている。

また崇神天皇は、纏向遺跡となんらかのかたちで関連付けられるはずなので、実年代を三世紀頃（弥生時代末〜古墳時代前期）とみるべきだろうが、考古学から得られる四世紀後半という三輪山祭祀の開始期つまり大神神社の原型の成立期は、崇神天皇の時代とはうまく重ならない。

三輪山麓の実証的な歴史と、記紀の記述とのあいだには、無視できないずれがみられる。

「大田田根子」は五世紀の人物？

記紀は、崇神天皇の命を承けて大田田根子が三輪山祭祀を司ったとも記すが、この伝承も詳細に分析してみると、矛盾がみえてくる。

先述したように、大田田根子の出身地である茅渟県の陶邑（大阪府堺市を中心とした泉北丘陵一帯）は、陶器（須恵器）の生産地として栄えたところだ。

須恵器は轆轤《ろくろ》で土を成形し、登窯《のぼりがま》のなかで高温で焼いて造られるもので、粘土を低温度で焼いて作る土師器《はじき》に比べると、堅くて丈夫という利点がある。直接火にかけると割れてしまうため煮炊きに用いることはできないが、神饌《しんせん》を盛ったり神酒《みき》を入れたりする祭器には適している。

そして、ここが重要な点だが、須恵器の技術は日本固有のものではなく、渡来系のものだ。日本では古墳時代から土師器が祭器として重宝されてきたが、古墳時代なかばの四世紀末になると朝鮮半島から須恵器が持ち込まれ、やがて日本でも渡来人の手によってつくられるようになった。その生産地として発展したのが、陶邑なのである。

この地が選ばれた要因としては、傾斜面が広く、登窯をたくさん作りやすいという地形的な利点、良質の粘土や焼成に必要な薪を近くで採取しやすいといったことが考えられている。

興味深いことに、三輪山からは祭祀に使われたと思われる須恵器が多数出土しているが、それらはほとんどが陶邑で製作されたものと考えられるという。陶邑と三輪の交流が現実にあったことを実証するものであろう。三輪山の神は古来、酒の神としても有名で、それは古語で「ミワ」といえば神に供える酒、すなわち神酒をさしていたことからもうかがえるが、神酒の醸造や貯蔵にも須恵器は適していたことだろう。

三輪山祭祀が確立するのは雄略天皇の時代

ところで、陶邑の窯の跡は今も残り、陶邑窯跡群《すえむらようせき》と呼ばれているが、窯跡のうちで最も古いものは五世紀代だという。ということは、大田田根子が実在していたとしても、その年代は五世紀よりさかのぼることはない、ということになる。

五世紀という「大田田根子」の実年代は、崇神天皇とはかなり隔たりがあると言わざるをえない。五世紀といえば、その後半を崇神よりずっとあとの第二十一代雄略《ゆうりやく》天皇の時代とみるのが、現在では歴史学の通説となっている。雄略天皇は三輪山の南麓地域（初瀬《はつせ》）に宮都（泊瀬朝倉宮《はつせのあさくらのみや》）を置いたとされる天皇である。

しかも大田田根子は、朝鮮半島からの渡来人か、それにゆかりの深い陶器製作の工人であった可能性が高いということにもなる。三輪山祭祀と大神神社を司った三輪氏の祖が渡来系の人物であったとすれば、それは見逃せないことになろう。

三輪山が、弥生時代以前の古い時代から人々に神聖視されていたことは事実だろう。だが、その三輪山のなかで祭祀が行われるようになったのは、纒向の巨大集落が消滅して三輪山周辺が衰退期に入った四世紀後半以降のことであった。社会の混乱と荒廃が聖山への信仰を惹起したのか。それとも、記紀がほのめかすように、疫病が流行して多くの人々が亡くなり、時の為政者が神に復興を祈るという事態が出来したのか。

そして五世紀以降には、三輪山の祭器を製作していた陶邑の豪族が祭祀そのものにも深く関与するようになり、やがて三輪の地に住み着いて祭祀権を得、神官を世襲するようになった。三輪山の南麓に宮を営んだ雄略天皇が三輪山祭祀を重視し、そのことが彼らの活動を後押しした、といった経緯も想定できよう。

そうしたなかで、陶邑の一族を三輪山の神オオモノヌシの神裔《しんえい》とする伝承が醸成され、大神神社の成立が促されていったのではないだろうか。その背景にあったのが、かつて三輪山西麓に都を置き、神の祟りを祭祀によって鎮めたという崇神天皇の伝説や、箸墓をめぐる伝奇的な説話だったのではないか。

ほかにもさまざまな推論が成り立ちそうだが、日本最古の神社とも称される大神神社の草創が、記紀が記すような単純な展開ではないことだけは確かである。

アマテラスと巫女たちの聖地

伊《い》勢《せ》神宮

——最初はいったいどこにあったのか

伊勢神宮
（内宮《ないくう》）三重県伊勢市宇治館町、（外宮《げくう》）伊勢市豊川町

『日本書紀』に明記されている伊勢神宮内宮の縁起

伊《い》勢《せ》神宮は正式名称をたんに「神宮」といい、日本でいちばん格式の高い神社である。なぜいちばん格式が高いかというと、天皇家の祖神天照大神《あまてらすおおみかみ》を祀り、古来、国家的な祭祀が執り行われてきたからである。いわば神社の中の神社であり、全国の神社の総元締め的な地位に置かれている。

周知のように、伊勢神宮は、アマテラスを祀る内宮《ないくう》（皇大神宮《こうたいじんぐう》）と、豊受大神《とようけのおおかみ》を祀る外宮《げくう》（豊受大神宮）の二つに大きく分かれている。五十鈴川《いすずがわ》の川上に鎮座する内宮と、山田原《やまだはら》に鎮座する外宮は五キロほど離れていて、それぞれに異なる歴史や背景

をもっているが、伊勢神宮の中心となっているのは、むろんアマテラスを祀る内宮だ。

そして、その内宮のルーツを記した最古の文献が、『日本書紀』である。

内宮の創祀をめぐる伝承は「崇神天皇紀」と「垂仁天皇紀」に書かれているが、それをまとめると、およそつぎのようになる。

天皇家の祖先神であり日の女神であるアマテラスの御霊代《みたましろ》である八咫鏡《やたのかがみ》は、初代神武《じんむ》天皇以来、天皇が住まう御殿のなかで祀られていた（これをとくに「同床共殿《どうしょうきょうでん》」という）。かつてアマテラスが「この宝鏡を見ることは、私を見ることと同じと考えなさい。床を同じくし、御殿を共にして、この鏡を祀りなさい」と言って、八咫鏡を地上に降臨しようとしていた子の天忍《あまのおし》穂耳尊《ほみみのみこと》に授けたからである。この八咫鏡に八坂《やさか》瓊曲玉《にのまがたま》と草薙剣《くさなぎのつるぎ》を加えたのがいわゆる「三種の神器《じんぎ》」で、それは皇位のシンボルであり、現在の皇室にもそれが伝わっているとされている。

古代天皇系図①

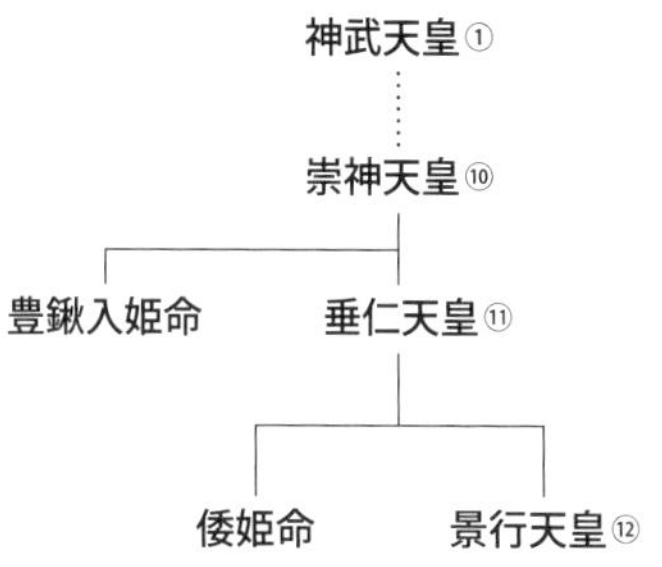

○数字は天皇代数

ところが、第十代崇神天皇は、疫病が流行し国内が不穏になると、アマテラスと同床共殿にあることを畏れ多いと思うようになり、大神を宮中から離して祀ることに決めた。そして、皇女豊鍬入姫命《とよすきいりびめのみこと》にアマテラスすなわち八咫鏡（神鏡）を託し、天皇が宮居《みやい》していた磯城瑞籬宮《しきのみずかきのみや》（三輪山西麓）から大和の笠縫邑《かさぬいのむら》（諸説あるが、奈良県桜井市三輪の檜原《ひばら》神社付近が有力）へと遷し祀らせた。このとき、アマテラスとともに天皇が祭祀していた、倭国《やまとのくに》（大和国）の守護神である倭大国魂神《やまとのおおくにたまのかみ》もまた、宮中から遷し祀られている（崇神天皇六年条）。

時は移って、つぎの第十一代垂仁天皇の時代。

豊鍬入姫命によって祀られていたアマテラスは、垂仁天皇によって皇女倭姫命《やまとひめのみこと》に託されることになった。そして倭姫命は大神の鎮座地を求めて遍歴をしはじめた。はじめは宇陀《うだ》の筱幡《ささはた》に赴き、やがて近江国、美濃国をめぐって、ついには伊勢国にいたった。そのとき、アマテラスが倭姫命にこう告げた。

「この神風の伊勢国は、常世の浪がしきりに打ち寄せる国である。辺鄙な地だが、美しい国である。私はこの国にいたい（是《こ》の神風《かむかぜ》の伊勢国は、則《すなは》ち常世《とこよ》の浪《なみ》の重浪帰《しきなみよ》する国なり。傍国《かたくに》の可怜国《うましくに》なり。是の国に居《を》らむと欲《おも》ふ）」

そこで倭姫命は大神の教えにしたがって、祠《やしろ》を伊勢国に建て、斎宮《いつきのみや》を五十鈴川のほとりに建てた。斎宮は磯宮《いそのみや》と呼ばれた。こうして、伊勢国はアマテラスがはじめて天から降臨した地となった（垂仁天皇二十五年三月十日条）。

参考までに付記しておくと、外宮の起源については記紀ともに触れていない。外宮の鎮座伝承は平安時代初期成立の『止由気宮《とゆけぐう》儀式帳』が初出で、第二十一代雄略《ゆうりゃく》天皇（五世紀ごろ）へのアマテラスの夢告にもとづき、アマテラスの御饌《みけ》を司る神として丹波国の豊受大神が伊勢に迎えられたのがはじまりだと記されている。

五十鈴川のほとりに建てられた「祠」が伊勢神宮のルーツ

まとめると、日神にして皇祖神であるアマテラスの御霊代である神鏡は、崇神天皇の時代にまず宮中から外に遷され、つぎの垂仁天皇の時代には倭姫命によってさらに奉遷され、最終的には神託に従って伊勢に祀られたということになる。そして、倭姫命が伊勢国に建てた「祠」こそが、内宮のはじまりとされているのだ。

このとき、同時に五十鈴川のほとりに建てられた「斎宮」とは、大神のためのものとする説もあるが、大神に仕える倭姫命のための宮殿ととらえたほうが自然ではない

斎宮跡　かつて伊勢神宮に奉仕する斎王（皇女）が住んだ場所

だろうか。この斎宮は、のちほど詳述するが、斎《さい》王《おう》（皇女が務めた伊勢神宮の最高位の巫女《みこ》）のための斎王宮《さいおうくう》（斎宮《さいくう》）の原形と考えることもできる。

その斎宮の別名が「磯宮」だというが、磯というからには、その場所は海に近かったのだろうか。だが、現在の内宮は内陸にあって、海を臨むことはできない。イソをイセの古名と解する見方もあるが、やや謎を残す記述ではある。

また、『日本書紀』は、内宮のルーツである「祠」が伊勢国のどこに建てられたかを明記していないが、倭姫命が居所とした「斎宮」が五十鈴川のほとりにあったという文脈からすれば、やはり「祠」もそのそば、つまり五十鈴川のほとりに建てられたと考えるべきだろう。そして、その場所は現在の内宮の鎮座地と符合することになる（ちなみに、内宮・外宮がある地域は、古代には伊勢国度会《わたらい》郡と呼ばれた）。

一方、『古事記』はこのような伊勢神宮の鎮座伝承についてまったく触れていない。

垂仁天皇の段で皇子女の一人として挙げられる倭姫命（倭比売命）の名前の下に、注というかたちで、ただ「伊勢の大神の宮を拝《いつ》き祭る」と書かれてあるきりである。

もっとも、『日本書紀』に収録されている伊勢神宮の起源伝承も、そう長いものではない。だがそれは、アマテラスと天皇、そして伊勢神宮とを明確に関連づけるもので、『日本書紀』こそが伊勢神宮の聖性と権威のオリジンとなっているといっても過言ではない。

そして、伊勢神宮のルーツを探ることは、たんにひとつの神社の歴史を云々することにとどまらず、古代王権の成立史を解明することにもつながってくるのだ。

伊勢神宮が成立したのはじつは七世紀末？

しかし、『日本書紀』に明記されたこのような伊勢神宮の鎮座縁起を、そのまますべて史実として受け止める研究者は少数である。

崇神・垂仁天皇の年代は、『日本書紀』の紀年をそのまま西暦にあてはめて計算すると、紀元前一～後一世紀ごろとなるが、この時期はまだ弥生時代であり、王朝の存在そのものを想定することが難しい。

伊勢神宮(内宮)の成立期をめぐっては諸説が唱えられているが、その代表的なものを挙げると、つぎのようになる。

○『日本書紀』の記述を信頼し、かつ垂仁朝の年代を三世紀後半〜四世紀初頭に比定して、神宮の起源をこの時期とする(田中卓)。

○伊勢神宮はもとは太陽神を祀る伊勢の地方神だったが、天皇家の東国発展に伴い、雄略朝(五世紀後半)ごろから天皇家と関係をもつようになった。だがそれが本格的に皇室の神となったのは壬申《じんしん》の乱(六七二年)以降のことで、この乱に勝利した天武《てんむ》天皇が、伊勢の神=アマテラスの神助を得て勝利したと信じられたからである(直木孝次郎)。

○伊勢神宮が鎮座する度会郡はもとは太陽信仰の聖地で、土着の度会氏が太陽神を祀っていたが、天皇勢力が東方への展開を積極的に進めた雄略朝に、度会に天皇家の神(アマテラス)が祀られることになった。これにあわせて従来の度会氏の神はアマテラスの食事を司る神(御饌都神《みけつかみ》)に変じ、それが外宮の豊受大神になった(岡田精司)。

そのほかに、つぎのようなユニークな説もある。

平安時代初期に編まれた『続日本紀《しょくにほんぎ》』は、文武《もんむ》天皇から桓武《かんむ》天皇までのおよそ百年間を記した史書で、いわば『日本書紀』の続編だが、その中の文武天皇二年（六九八）十二月二十九日条に「多気《たき》大神宮を度合《わたらい》（度会）郡に遷す」という記事がある。

南伊勢の古社地図

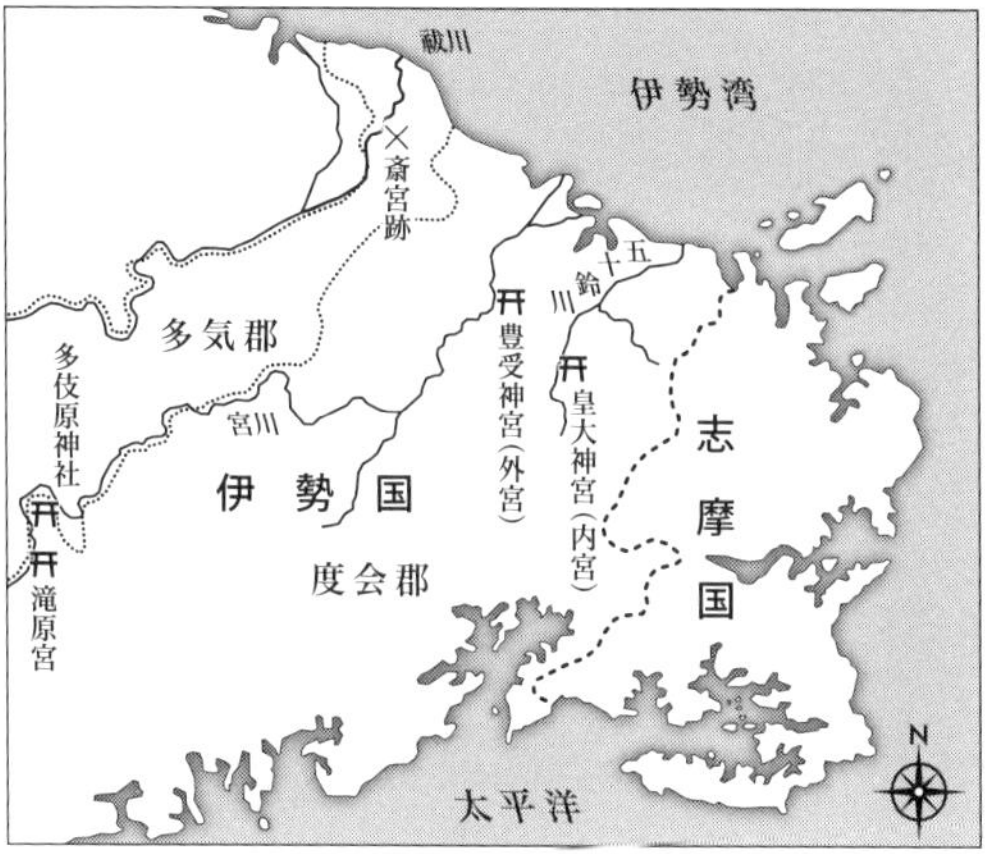

民俗学者の筑紫申真《のぶざね》氏はこの記事に着目し、まず「多気大神宮」とは、現在、内宮の別宮となっている、三重県度会郡大紀町滝原の滝原宮《たきはらのみや》のことと解した。その場所は南伊勢地方を流れる宮川をさかのぼった山奥の地で、内宮からは西に三十キロほど離れているが、天照大神を祀り、古くから「遙宮《とおのみや》」とも呼ばれて特別視されてきた。「伊勢神宮を遥拝す

る宮」というニュアンスだろうか。また、そこは現在はたしかに度会郡に属しているが、文武天皇二年当時には、その北隣の多気《たき》郡に属していたという。

さらに筑紫説によれば、滝原宮（＝多気大神宮）は、元来は南伊勢の人々が祀っていた滝の神の聖地であったが、文武天皇二年になって、大和朝廷の政策により、隣の度会郡に遷された。その遷座地こそが宇治の五十鈴川沿いであり、こうして誕生したのが内宮であるという（『アマテラスの誕生』）。

つまり、滝原宮は内宮の元宮であり、七世紀末にそれが国家的な施策によって度会郡へ遷されたことで内宮が正式に成立したというのだ。この説が妥当だとすれば、伊勢神宮の歴史は意外に新しいことになる。

大胆な推理だが、『続日本紀』が滝原宮に対して用いた「大神宮」という呼称は、本来、伊勢神宮なかんずく内宮（皇大神宮）に対してのみ用いられるものであった。そう考えれば、文武天皇二年（六九八）条の「多気大神宮を度合（度会）郡に遷す」という記事を伊勢神宮に関する記述とみなければ、逆に不自然ということになろう。

「地域神社／国家的神社」という二元構造をもつ伊勢神宮

このように、伊勢神宮の起源については、さまざまな見方がある。だが、『日本書紀』の記述通りとする田中説を除けば、そのいずれも、つぎの点では一致している。

それは、「はじめは伊勢神宮（あるいは伊勢神宮の前身）は伊勢地方に固有のローカルな神を祀っていたが、のちに大和朝廷の関与を受けて天皇家の祖神（アマテラス）を祀る神社に変容した」という点である。そして、皇室の祖神を祀ることになった時代は、『日本書紀』の記述よりもずっと後代に置かれている。『日本書紀』の伊勢神宮鎮座縁起は、あくまで説話・伝説にすぎないという立場なのである。

伊勢神宮が、地方神的な性格と、皇室の祖神（国家神）的な性格の二つをもっていることは、古代の伊勢神宮の祭祀システムからもある程度証明することができる。

さきに少し触れたが、かつての伊勢神宮には、朝廷から派遣された、斎王と呼ばれる女性が最高位の巫女として仕えていた。斎王は、天皇が即位するたびに未婚の皇女（天皇の娘もしくは姉妹）から占いによって選ばれるのが慣例で、天皇の名代として伊勢に住んでアマテラスに仕えた。中世には廃絶してしまったが、斎王のルーツは伊勢へ巡行した倭姫命に求められ、伊勢神宮では豊鍬入姫命を初代斎王、倭姫命を二代斎王に位置づけている。

また、『日本書紀』には、倭姫命以降の天皇紀にも伊勢にアマテラスに仕える皇女が派遣されたことを示す記事が散見されていて、史実性が疑われている場合が多いものの、彼女たちも歴代斎王のうちに含められている。斎王派遣が明確に制度として確立したのは、七世紀後半（天武・持統朝）のことといわれている。

そして彼女たちが伊勢での居所としたのが、多気郡の祓川《はらいがわ》のほとり（多気郡明和町）にあった「斎宮《さいくう》（斎王宮）」と呼ばれる宮殿である。そこは五十鈴川のほとりにある内宮からは一〇キロ以上も離れているので、「当初は――先に引用した『垂仁天皇紀』の倭姫命の記事が示唆するように――五十鈴川沿いにあったが、のちになって現在地に遷されたのではないか」という見方も出されているが、実証はされていない。

斎王は古代には大きな権威をもったが、奇妙なことに、「伊勢神宮の最高位の巫女」とされながらも、彼女たちが実際に神宮（内宮・外宮）に出向いて祭祀を行うのは、六月・十二月の月次祭《つきなみさい》と九月の神嘗祭《かんなめさい》のときだけであった。つまり、斎王が神宮祭祀を行うのは年にわずかに三度で、それ以外は基本的に祓川のほとりの斎宮で日々を過ごしていた。しかも、その年に三回の神宮祭祀においても、正殿《しょうでん》の庭前に大玉串を捧げて拝礼するだけであった。

祭祀のクライマックスは、深夜、正殿の床下に神饌《しんせん》を供進するというものだったが、この重大な秘儀を執り行ったのは、斎王ではなく、「大物忌《おおものいみ》」と呼ばれる童女だった。内宮の大物忌の役は伊勢に居住して神職を世襲した荒木田《あらきだ》氏の娘が務めたが、おそらく土着の神に仕えた伊勢地方の豪族の娘が大物忌の原像であろう。

つまり、神宮祭祀は「地元の巫女／中央から派遣された巫女」という、二元構造をもっていたのだ。

このことは、地域神社が基盤にあり、その上に国家的な神社がかぶさったという二層構造を伊勢神宮がそなえていることの有力な証左となりうるのではないだろうか。

伊勢は大和地方からみて太陽が昇る真東の位置にあり、また、海に臨み、「常世の浪」がしきりに打ち寄せる美しい国である。

そうした風土に祀られていたローカルな神社を、天皇家が国家的な聖地として呑み込むことで、太陽神にして皇祖神であるアマテラスを祀る伊勢神宮が最終的に成立した。――そんなプロセスも想像できそうだが、伊勢神宮の成立の解明が一筋縄ではいかないことはあえて最後に強調しておきたい。

神宝と古代祭祀の古社
宗像《むなかた》大社
――なぜ「絶海の孤島」が重視されたのか

宗像大社
（辺津宮《へつぐう》）福岡県宗像市田島、（中津宮《なかつぐう》）宗像市大島、（沖津宮《おきつぐう》）宗像市沖ノ島

「海の正倉院」と称される宗像大社の沖津宮

宗像《むなかた》大社といえば、平成二十九年（二〇一七）に「『神宿る島』宗像・沖ノ島と関連遺産群」として世界文化遺産に登録されたことが記憶に新しい。

もっとも、宗像大社は、はるかこれ以前から九州有数の、いや日本有数の古社として名高いことは言うまでもない。

宗像大社は、九州本島にある辺津宮《へつぐう》（宗像市田島）、海岸から数キロ先に浮かぶ大島にある中津宮《なかつぐう》、海岸から六〇キロほど離れた沖ノ島にある沖津宮《おきつぐう》（奥津宮）の三社から成り立っている。祭神はそれぞれ市杵島姫神《いちきしまひめのかみ》、湍津姫神《たぎつひめのかみ》、田心姫神《たごりひめのかみ》とされ、

三柱の女神は宗像三女神と総称され、地元筑紫《つくし》の豪族・宗像氏によって奉斎されてきた。

ちなみに、辺津宮の南西に広がる台地には前方後円墳、円墳などからなる新原《しんばる》・奴《ぬ》山《やま》古墳群があり、これも世界遺産に含められているが、築造年代は五〜六世紀で、宗像氏の墳墓と考えられている。

宗像大社の地図

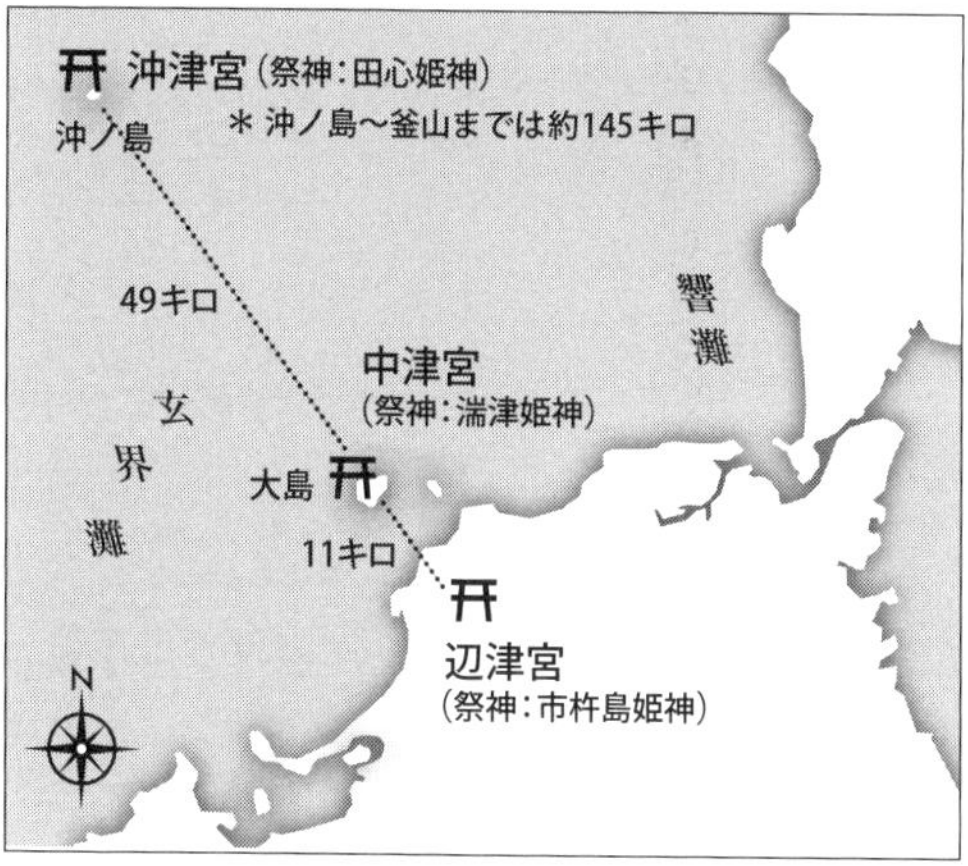

この三社のなかでしばしば注目を集めてきたのは、絶海の孤島沖ノ島に鎮座する沖津宮だ。

玄界灘に浮かぶ沖ノ島は東西一キロメートル、南北〇・五キロメートルほどの小島だが、原始林に覆われ、島中に巨石が連なり、平地はなく、もちろん人家もない。島全体が沖津宮の神域なのだ。

神職以外は原則として立ち入りできな

い。かつては年に一度、五月二十七日の「現地大祭」のときには一般人たちも海水に浸かる禊《みそぎ》をおこなったうえで上陸することができたが、平成三十年からはそれもできなくなった。

沖ノ島は「お言わずの島」とも呼ばれてきたが、それは、仮に上陸できても島で見聞したことは絶対に口外してはならないとされていたからで、加えて、一木一草といえども島外に持ち出してはならない、もしこの禁忌《きんき》をやぶれば禍いを招くといわれてきた。

そして、島内には四世紀から九世紀にかけての原始神道的な祭祀遺跡が確認され、また鏡・土器・玉などの祭祀遺物が八万点も出土し、そのすべてが国宝に指定されている。それらは神に奉献された神宝でもあった。沖ノ島が「海の正倉院」とも呼ばれる所以《ゆえん》である。沖ノ島は、絶海の孤島であったがゆえに、原初的な神社のすがたが手つかずのまま残されてきた、まさしく「神の島」なのである。

アマテラスとスサノオの「誓約」によって生まれた宗像三女神

そんな宗像大社の起源も、やはり『日本書紀』の中に記されている。

その箇所は、神代巻のなかでも有名な、天照大神《あまてらすおおみかみ》と素戔嗚尊《すさのおのみこと》の誓約《うけい》の場面である（「神代上」第六段）。

伊奘諾尊《いざなきのみこと》、伊奘冉尊《いざなみのみこと》の子として生まれたスサノオは、伊奘諾尊に根国《ねのくに》（地下世界）へ行けと命じられたが、行く前に姉のアマテラスに暇乞《いとまご》いをしたいと思い、急ぎ高天原《たかまのはら》に昇った。

ところが、スサノオがすさまじい勢いでやってくるので、アマテラスは弟が国を奪いにやってくるのかと疑い、弓矢や剣を手にしてスサノオに立ち向かう。

すると、疑われたスサノオは「私に黒心《きたなきこころ》はありません。ただ、根国に向かう前に姉上にお目にかかりたかっただけです」と訴え、潔白な心（赤心《きよきこころ》）を証しするために、「誓約」を行うことを提案した。

誓約とは神意をうかがってことの正邪を決める占いの一種で、この場合は、スサノオが生む子が女の子ならばスサノオに邪心があり、逆に男の子なら潔白な心と取り決められた。

そこで、まずアマテラスが、スサノオが持っていた十握剣《とつかのつるぎ》を手に取って三つに打ち折り、天真名井《あまのまない》の水にすすいでからよく噛み砕き、そして息を吹き出した。すると、アマテラスの霧のような息から、田心姫、湍津姫、市杵島姫の三女神が生まれた。

一方、スサノオが、アマテラスが身につけていた玉を噛み砕いて吹いた息からは、天忍穂耳尊《あまのおしほみみのみこと》、天穂日命《あまのほひのみこと》、天津彦根命《あまつひこねのみこと》、活津彦根命《いくつひこねのみこと》、熊野櫲樟日命《くまののくすひのみこと》の五柱の男神が生まれた。

スサノオは男神を生んだので心が潔白であることが証しされたことになるはずだが、アマテラスは「男神が生まれたもとになった玉は私のものだから、五柱の男神はすべて私の子だ」と言って引き取り、さらに「三女神はおまえの剣から生まれたので、おまえの子だ」と言って、スサノオに授けた。

そして、この場面の最後で、『日本書紀』はこう記す。

「この女神たちは筑紫の宗像氏たちが祀る神である（此則《これすなは》ち筑紫の胸肩君等《むなかたのきみら》が祭れる神、是《これ》なり）」

『日本書紀』の異伝に記された三女神の降臨地

以上は『日本書紀』の本文にみえる話だが、『古事記』にも大筋同じような話があり、さらに「タキリビメ（田心姫の別名）は宗像の奥津宮（沖津宮）に、イチキシマは中津宮に、タキツヒメは辺津宮に鎮座している」と追記していて（現在の祭神と宮の照応はこれとは異なっている）、宗像大社のことが直接、言及されている。

沖ノ島　沖津宮がある「絶海の孤島」は世界遺産に登録された

また、『日本書紀』のこの場面には、本文のほかに三つの「一書《あるふみ》」（異伝）が付されていて、いずれもやはり似たような内容になっているが、細部には見逃せない違いもみられる。

たとえば「一書第一」では、誓約のあと、日神（アマテラス）は三女神を筑紫洲《つくしのくに》に降し、「汝《いまし》三神《みはしらのかみ》は、道中《みちのなか》に降って鎮まり、天孫を助け奉り、天孫のために祀られなさい」という意味深長な神勅を授けている。「道中」とは北九州から朝鮮半島への海路の道中の意とされている。つまり、宗像大社の辺津宮、中津宮、沖津宮の場所がそれにあたるということになる。

「一書第三」では、「日神は三女神を葦原中国《あしはらのなかつくに》（地上世界）の宇佐島《うさのしま》に降して鎮めさせた。今は海の北の道中《みちのなか》におり、名づけて道主貴《みちぬしのむち》という。これは筑紫の水沼《みぬま》氏らが祀る神である」と書かれている。

「宇佐島」といえば、当然、大分県の宇佐神宮が思い浮かぶ。ということは、三女神は最初は宇佐に祀られていたが、のちに何らかの事情で現在の宗像大社の地に遷されたということだろうか。そうではなくて、「宇佐島」とは沖ノ島のことだという説もある。ここは謎をはらむ一文である。

「道主貴」とは道中（北九州と朝鮮半島を結ぶ海路）の主宰神、守護神というような意味合いだろう。

そして、その神を祀るのが、宗像氏ではなくて水沼氏であるという。水沼氏はやはり筑紫の豪族で、筑後国三潴《みずま》郡三潴町（福岡県久留米市三潴町）を本拠とし、水間とも書かれる。当初は水沼氏が祀っていたが、のちに宗像氏がそれに取って代わったということか、それとも両氏がともに奉斎していた時代もあったのか。ここも謎をはらむ箇所である。

じつは日朝航路からは外れていた「神の島」

宗像大社に祀られる三女神には、宗像氏であれ水沼氏であれ、北九州の豪族が祀る地方神という性格ももちろんあるが、同時に記紀神話は、この神々が皇室の祖神アマテラスの姫神という尊貴性をもそなえていることを説明している。

ところで、沖ノ島に奉献された膨大な神宝（祭祀遺物）は、誰によってどこから運び込まれたのだろうか。宗像氏だろうか、あるいは水沼氏だろうか。

出土した神宝で注目されるものに、碧玉《へきぎょく》製鍬形石《くわがたいし》がある。これは畿内では多く出土しているものの、九州北部には他に出土例がない。また、製鉄の素材である鉄鋌《てってい》は朝鮮から輸入された貴重品だが、日本では沖ノ島以外には、畿内とその周辺に圧倒的に多く見つかっている。また、島内の遺跡で最も古い年代にさかのぼるとされる第十七号遺跡からは二十一面の銅鏡が出土していて、これらは日本で製作されて一度にまとめて奉献されたものと考えられるという。

要するに、沖ノ島の神宝には、筑紫の地方豪族に似つかわしくない、立派なものが多い。

こうしたことから、沖ノ島の神宝や祭器には大和地方から運び込まれたものが多く含まれていると考えられ、しかも祭祀が開始された四世紀代から早くもそれははじまっていたとみられている（井上光貞『日本古代の王権と祭祀』）。

つまり、沖ノ島祭祀には、もちろん地方豪族の手を借りてはいただろうが、大和朝廷が初期の段階から深く関与していたということである。

では、なぜ朝廷は、大和からみて辺境の地といえる沖ノ島での祭祀を重視したのか。沖ノ島は北九州と朝鮮半島の航路の中間点であり、交通の要衝であったがゆえに沖ノ島の神は航海の守護神として古代人に信仰された——という説明がされることがよくある。たしかに、大局的にはそうもいえるだろう。

だが、古代の九州・朝鮮の航路は、那津《なのつ》（博多）あるいは唐津から壱岐・対馬をへて釜山に渡るのが幹線ルートであって、沖ノ島はそのルートからは完全に外れている。事実、古代にこの島が日朝航路の中継点的な港として歴史的に機能した形跡はみられない。むしろ、対馬海峡で遭難した船が海流に流されて漂着するような場所ではなかったか。

しかし、そのような沖ノ島の異界性・秘島性こそがこの島を「神の島」とする信仰を生み、「この島には海路を守る女神が住んでいる」という信仰を広く育んだのではないだろうか。そして、それが半島との外交や交通を司る大和朝廷が沖ノ島祭祀を重んじることにつながったのではないだろうか。歴史学者の井上光貞氏もそのように論じている。

皇祖神アマテラスの息から宗像三女神が生まれたとする記紀神話は、皇室・国家が沖ノ島に神宝を奉献し宗像神の祭祀に参与することの起源説話にもなっているのだろう。「天孫を助け奉り、天孫のために祀られなさい」というアマテラスの三女神への神勅も、そのような背景のもとに読み取るべきなのだろう。

『日本書紀』によると、第十七代履中《りちゅう》天皇の時代、宗像三女神が突然、宮中に現れ、天皇に「なぜ我が民を奪うのか。いま、おまえにはずかしめを与えよう」と告げた。宗像大社に属する民（神戸《かんべ》）を天皇の臣下が奪ったことを詰問したのだった。だが、天皇はこれを無視した。すると半年後、皇妃が突然、亡くなった。天皇は神の崇りを恐れ、三神に民を返したという（履中天皇五年条）。

宗像三女神の強力な神威を印象づけるエピソードである。

このとき、天皇は沖ノ島に大量の神宝も献納したのではないか。

ヤマトタケル伝説の原郷

熱《あつ》田《た》神宮

——草薙剣を呼び寄せた尾張氏の霊剣信仰

熱田神宮
名古屋市熱田区

「三種の神器」の草薙剣を祀る

名古屋は人口二百万人を超えてなお発展・開発をつづけているが、そんな大都市にあって、老杉古木が生い茂る千古の森をたたえて閑寂なおもむきを保っているのが、熱《あつ》田《た》神宮である。

境内地は約六万坪（東京ドーム四個分）と広大ながらも、周辺にはビルが林立し、道路や線路にもはまされていささか窮屈気味だが、古代には神宮の南側はすぐ浜になっていて、さらにその先には波静かな伊勢湾が広がっていたはずである。そして東側には丘陵が続き、西側には肥沃な平野が広がっていた。

ちなみに、熱田神宮を含む名古屋市域は古代には尾張国年魚市《あゆち》郡と呼ばれたが、愛知県の愛知とは古地名の「年魚市」に由来している。

熱田神宮　「熱田の杜」に鎮座し、伊勢の神宮に次ぐ大宮として知られる

熱田神宮の地は、名古屋と東海地方の歴史の起点といっても過言ではない。

熱田神宮は、「三種の神器《じんぎ》」のひとつである草薙剣《くさなぎのつるぎ》を祀る古社としてよく知られている。現在、熱田神宮では主祭神を「熱田大神《あつたのおおかみ》」とし、熱田大神について「草薙剣を御霊代《みたましろ》とする天照大神《あまてらすおおみかみ》のこと」と説明している。

後述するが、草薙剣は素戔嗚尊《すさのおのみこと》が天照大神へ献上した霊剣であり、本来は天照大神のものである。そのため草薙剣を熱田大神と尊称したのだろう。

ちなみに、現在の皇室にも草薙剣と同一視される神剣が伝わっているが、これは正確には熱田神宮に祀られている草薙剣の分身（形代《かたしろ》）とされており、草薙剣そのものではない。令和元年の天皇退位や新天皇即位に際しては皇室に伝わるこの剣を納めた櫃《ひつ》が式典にたびたび姿を現したが、ふだんは天皇のお住まい（御所）に安置されている。このことからも、草薙剣がいかに重要で、天皇の地位と不即不離の関係にあるのかがわかる。

そんな草薙剣がなぜ熱田神宮に祀られることになったのか。

その由来と経緯もまた『日本書紀』に記されている。

アマテラスの弟神スサノオは、出雲国に降臨すると、人びとを苦しめていた八岐《やまたの》大蛇《おろち》を退治したが、大蛇の尾を斬ったとき、中から一本の強靭な剣が見つかった。それが草薙剣だったが、それはのちに付けられた名称で、当初は天叢雲剣《あまのむらくものつるぎ》と呼ばれた。大蛇の上にいつも雲気が漂っていたからだという。

スサノオは草薙剣を取り出すと、このような霊剣を私物にするわけにはいかないと、高天原《たかまのはら》の天《あま》つ神に献上した（「神代上」第八段）。

それからまた時をへて、アマテラスの孫の瓊瓊杵尊《ににぎのみこと》が天つ神の命令を受けて高天原から高千穂に降臨しようとしたとき、アマテラスは、八坂瓊曲玉《やさかにのまがたま》と八咫鏡《やたのかがみ》、そして草薙剣を三種の宝物（神器）としてニニギに授け、こう告げた。

「葦原《あしはら》の千五百秋《ちいおあき》の瑞穂《みずほ》の国（日本の美称）は、わが子孫が王《きみ》として治めるべき国である。皇孫《すめみま》よ、行って統治しなさい。さあ、お行きなさい。宝祚《あまつひつぎ》（天皇）の繁栄は、天地とともに窮まることがないでしょう」（これはとくに「天壌無窮《てんじょうむきゅう》の神勅《しんちょく》」と呼ばれ、三大神勅のひとつとされる）

神勅を承ったニニギは三種の神器を奉じて天降った（「神代下」第九段・一書《あるふみ》第一）。

伊勢神宮をへてヤマトタケルに授けられた草薙剣

『古事記』もこれとおおむね同じように記している。

つまり、草薙剣はいちばんはじめは出雲の八岐大蛇の尾から見つかったが、それがスサノオを介してアマテラスの手に渡り、その後、地上世界に降臨する天孫ニニギに三種の神器のひとつとして授けられ、歴代の天皇に受け継がれることになった、という展開になっている。

さて、草薙剣はその後、どうなったのか。

記紀において、つぎに草薙剣が登場するのは、ニニギの降臨からだいぶ時代が隔たった、第十二代景行《けいこう》天皇の時代の日本武尊《やまとたけるのみこと》東征伝説の箇所である。

ヤマトタケルは父景行天皇から東国征討を命じられるのだが、大和から東国へ向かう途次、伊勢神宮を参拝し、その際に伊勢にいた叔母の倭姫命《やまとひめのみこと》（垂仁《すいにん》天皇の皇女）から遠征の護身用として草薙剣を授けられるのだ。

ニニギに授けられたはずの草薙剣が、いつのまにか伊勢神宮に安置されていたことになるわけだが、不思議なことに、その間の経緯については記紀はなんら説明をしていない。

後世の伝説では、第十代崇神《すじん》天皇からつぎの垂仁天皇の時代にかけて八咫鏡が豊鍬入姫命《とよすきいりびめのみこと》や倭姫命によって伊勢に遷される際（38ページ参照）、草薙剣もともに奉遷されたことになっている。またこのとき、八咫鏡と草薙剣を模して新たに鏡と剣が造られ、天皇の護身用として宮中に置かれるようになったという。この説話は、古いものでは、祭祀氏族の斎部《いんべ》（忌部）氏によって編纂された九世紀初期成立の『古語拾遺《こごしゅうい》』のなかにすでにみえている。

いずれにしろ、このような記述をそのまま史実としてとらえることはできないが、ともかく記紀においては、ニニギが授かった草薙剣は、景行天皇の時代には伊勢にあった。アマテラスに仕えて大和からやって来た倭姫命によって、アマテラスの御霊代として八咫鏡とともに伊勢神宮に遷し祀られていたという設定なのだろう。

草薙剣を尾張に預けたまま亡くなったヤマトタケル

そしてここから、ヤマトタケルと草薙剣の有名な物語がはじまる。『日本書紀』に沿って、そのあらすじを記してみる。

草薙剣を倭姫命から受け取ったヤマトタケルは、伊勢を発ち駿河へ至った。だがそのとき、「大鹿が多いので、狩りをなさいませ」と土地の賊にだまされて野に入ると、野に火が放たれた。ヤマトタケルは炎に囲まれたが、火打石で火を起こし、迎え火をつけて野火を退け、難を免れることができた。

ここで『日本書紀』は、本文に対する注として、「一説に、ヤマトタケルの腰に帯びた剣がひとりでに抜けて、草を薙ぎ払い、これによって難を逃れることができた。それゆえにこの剣を名づけて草薙という」と付記している。有名な草薙剣の命名譚だが、『日本書紀』では、意外にも本文にはなく、あくまで異伝として書かれている。

その後、東国征討を果したヤマトタケルは尾張に入り、尾張氏の娘宮簀媛《みやずひめ》を妃に

草薙剣　東国征討中、火攻めにあったヤマトタケルは剣で草を払う（月岡芳年画『大日本史略図会』）

迎えた。そしてつぎに近江の伊吹山の荒ぶる神を討ち取ることにしたが、このとき、腰につけていた草薙剣を外し、それを宮簀媛の家に預け、素手で出かけてしまう。つまり、護身用の剣を携帯しなかったのである。

すると、山の神の毒気にあてられて体調を崩し、山を降りて彷徨を続けた末に、伊勢の能褒野《のぼの》でついにたおれ、亡くなってしまった。

やがてヤマトタケルの遺体は白鳥と化し、大和をめざして飛んでいった（景行天皇四十年是歳《ぜさい》条）。

『古事記』によれば、いまわの際にヤマトタケルは「嬢子《をとめ》の床のべに　わが置きし剣《つるぎ》の太《た》刀《ち》　その太刀はや」、つまり「宮簀媛のもとに置いてきた草薙剣よ」と霊剣を恋い焦がれる歌を詠み、それが辞世となっているが、草薙剣の運命はその後、どうなったのか。

『日本書紀』はこう記している。

「ヤマトタケルが佩《は》いていた草薙剣はいま、尾張国年魚市郡《あゆちのこおり》の熱田神宮にある（初め、日本武尊の佩《は》かせる草薙横刀《くさなぎのたち》は、是今《これ》し尾張国の年魚市郡の熱田社《あつたのやしろ》に在り）」（景行天皇五十一年八月四日条）

草薙剣創祀を詳述する熱田神宮の古縁起書

『古事記』も『日本書紀』も、宮簀媛のもとに預けられた草薙剣が熱田神宮に祀られるにいたる経緯を細かくは記していない。だが、熱田神宮に伝わる古縁起には具体的な経緯を記すものがある。寛平《かんぴょう》二年（八九〇）の奥書をもつ『尾張国熱田太神宮《だいじんぐう》縁起』がそれで、内容は記紀のヤマトタケル記事と同じようなものになっているが、草薙剣と熱田神宮のゆかりについては、およそつぎのように詳述している。

「宮酢媛（宮簀媛）はかつての約束通り、ヤマトタケルの床を守り、そこに神剣を安置していた。ところが、その霊験が著しかったので、人びとが集まって諮ったところ、社地を定めて神剣を祀ることにした。そこには楓《かえで》の樹が一株あったが、おのずと燃えて水田に倒れたので、『熱田』と呼ばれるようになった」

つまり、宮簀媛が夫ヤマトタケルの形見である草薙剣を「熱田」の地に祀ったのが、熱田神宮のルーツであると明記されている。

熱田神宮から南におよそ六、七キロの場所にある氷上姉子《ひかみあねご》神社は、当初、草薙剣が安置されていた宮簀媛の旧宅の跡地と伝えられていて――本来の場所は現在地（名古屋市緑区大高）よりも西方になるらしいが――、いわば熱田神宮の元宮である。

草薙剣伝説は複数の説話の組み合わせか

このように、記紀や熱田神宮の古縁起によれば、草薙剣は、スサノオやヤマトタケルの手を借りながら、出雲→高天原→地上世界（大和）→伊勢→尾張という変遷をたどり、最終的に熱田神宮に落ち着いたという流れになっている。

だが、これらをすべて歴史的事実とみなすことは難しいかもしれない。

また、神話・伝説としてみるにしても矛盾は多い。なぜ八岐大蛇という退治されたものの尾から出てきた剣が皇位継承のシンボル、つまり「三種の神器」の一つになったのか、なぜいつのまにか伊勢に遷されていたのか、なぜヤマトタケルは大切な剣を尾張で手放してしまったのか、なぜ『日本書紀』本文には草薙剣が草を薙ぎ払う有名なシーンが出てこないのか……などといった疑念が出てくる。要するに、ストーリーにちぐはくな印象がぬぐえない。

こうしたことから、記紀の草薙剣伝説をいくつかの説話を組み合わせたものとする見解もみられる。たとえば、神話学者の松前健氏はこう指摘している。

「八岐大蛇の尾から出てきたという、出雲の神話的な霊剣天叢雲と、たぶん尾張氏の奉じた草薙剣とは、まったく別物であったのであろう。また天皇のレガリヤ（皇位の璽《しるし》）としての、鏡剣神璽の中の、剣とも、本来はまったく別物であったと考えられる」（『日本の神々』）

さらに、宮簀媛が奉じ熱田神宮に祀られた草薙剣は、アマテラスからニニギに授けられた「三種の神器」のひとつとしての皇室の神剣とは本来は何の関係もなかったが、のちに両者は同一視されるようになり、皇子ヤマトタケルによって熱田の地にもたらされたという伝説が形成されたのであり、その時期は、宮簀媛を遠祖に仰ぐ尾張氏が皇室の外戚として勢力をふるった時代のことだろうといった指摘もしている。同様のことは津田左右吉氏なども主張している。

「尾張氏が皇室の外戚として勢力をふるった時代」として有力視されるのは六世紀はじめごろのことで、この頃に尾張氏の娘目子媛《めのこひめ》が継体《けいたい》天皇の妃となり、安閑《あんかん》天皇・宣《せん》化《か》天皇を生んでいる。

もとから尾張にあった霊剣信仰

また「草薙剣」という名称については、字面から「草を薙ぎ払った剣」というイメージが湧きやすいが、蛇を古語でナギともいうことから、クサナギの原義を「臭し蛇＝獰猛な蛇」ととる説も有力である。さらに、伊勢神宮外宮の境外摂社《けいがいせっしゃ》に「御剣《みしるしの》杖神《つるぎのかみ》」を祀る草奈伎《くさなぎ》神社があることや、大阪の住吉《すみよし》大社にかつて「草薙剣」という名の神剣が蔵されていたという伝承があることは、「クサナギノツルギ」という言葉が固有名詞ではなく普通名詞であり、かつてはさまざまな土地や氏族で、そのような異名をもつ伝説的な剣が伝来していたことを想像させる。

さらに、熱田神宮境内には八剣宮《はっけんぐう》という別宮が鎮座しているが、この宮については、尾張氏オリジナルの剣神を祀ったもので、のちに尾張氏がその剣神と草薙剣を結びつけて熱田神宮が創祀されたために八剣宮はその別宮になってしまったのだろうという見方もなされている。愛知・岐阜・三重の各県には、八剣神社・八剣社という名称の神社が百社以上ある。尾張はもともと剣神信仰が盛んな土地柄だったのだろうか。

紙幅の都合もあって詳述できないが、『日本書紀』には、天智朝《てんじ》（七世紀後半）に草薙剣が道行《どうぎょう》という僧侶によって熱田神宮から盗み出されて新羅《しらぎ》に運ばれようとしたとか（結局、風雨に遭って失敗）、盗まれたまま熱田神宮に返されなかった草薙剣が天武天皇に祟って天皇を病魔に冒させたことが占いでわかったのですぐさま熱田神宮に返送された、といった興味深い記事もあるのだが、これなども、見方によっては、熱田神宮・尾張の剣神信仰が広く知れわたっていたことのあらわれとしてとらえることもできよう。

ともあれ、ヤマトタケルと神剣にまつわる信仰が熱田神宮への信仰の強力な支えとなってきたことは事実であり、その信仰に裏づけを与えてきたのが、『日本書紀』と『古事記』の草薙剣に関する神話・伝説なのである。

コラム①　二つの石上《いそのかみ》神宮

「神宮《じんぐう》」という社号をもつ神社の多くは皇室との結びつきが強い。『古事記』のなかで神宮号で表記される神社は、伊勢神宮の他には、奈良県天理市布留町《ふるちょう》に鎮座する石上《いそのかみ》神宮だけである。『日本書紀』においても、基本的には伊勢と石上だけだ（例外的に出雲大社と大神《おおみわ》神社に対して神宮号が用いられている箇所がある）。このことは、石上神宮が朝廷にとっていかに重要な神社であったかをよく物語っている。

石上神宮は布都御魂神《ふつのみたまのかみ》と布都斯御魂神《ふつしみたまのかみ》、布留御魂神《ふるのみたまのかみ》を祀る。布都御魂神は神武《じんむ》天皇が東征の際に天《あま》つ神から授けられた霊剣韴《ふつの》霊《みたま》（もとは武甕槌神《たけみかづちのかみ》が国土平定に用いた剣）の神霊、布都斯御魂神は素戔嗚尊《すさのおのみこと》が出雲で八岐大蛇《やまたのおろち》退治に用いた十握剣《とつかのつるぎ》の神霊とされている。そして布留御魂神は、天皇の鎮魂の秘儀に用いられたという「十種《とくさ》の神宝《かんだから》」の神霊だ。

祭神からも伺えるように、石上神宮は古来、刀剣や玉類を納める朝廷の武器庫・宝物庫としての役割を担い、石上神宮そのものは軍事・警察を職掌とした物部《もののべ》氏が司った。物部氏系の古伝承（『先代旧事本紀《せんだいくじほんぎ》』）によれば創祀は第十代崇神《すじん》天皇の時代にさかのぼるという。

石上神宮　大和盆地の布留山（ふるやま）の高台に鎮座し、うっそうとした常緑樹に囲まれる

ところが、そこから遠く離れた岡山県に石上神宮の元宮とも伝わる古社がある。旧備前《びぜん》国（吉備《きび》国の東南部）、岡山県赤磐市石上《いしかみ》に鎮座する石上《いそのかみ》布都魂《ふつのみたま》神社だ。素戔嗚尊を祭神とするが、江戸時代後期の『吉備温故秘録』という史料には「備前の石上布都魂神社が石上の本社であり、大和の石上神宮はこれを勧《かん》請《じょう》したもの」とする「石上備前（吉備）ルーツ説」が説かれている。

「地名がたまたま『石上』だったので、大和の石上神宮に付会されてそんな伝承が生まれたのではないか」――ふつうならそう考えてしまうところだろうが、じつは『日本書紀』に、この説を傍証する記述がある。八岐大蛇退治の場面に「素戔嗚尊が蛇を斬るのに用

石上布都魂神社　社殿裏の山頂に本宮があり、背後に禁足地の巨石地域(遺跡)がある

いた剣(十握剣)は、いま(『日本書紀』が編纂されていた時代のことか?)、吉備の神主のもとにある」と書かれているからだ(「神代上」第八段・一書《あるふみ》第三)。「石上布都魂神社」の名は出てこないものの、この記述は素戔嗚尊の十握剣(布都斯御魂神)が古くから岡山の石上社に祀られていたことをさすとするのが通説で、石上神宮に先んじて同社があったとする見立ての有力な根拠になっている。

岡山は古くから鉄の産地として知られ、刀剣の鍛造が盛んな土地柄である。そのことを考えれば、刀剣の神を祀る神社がこの地を起源としていてもべつだん不思議ではない。

ちなみに、石上布都魂神社もまた物部氏が古来、神職を務めている。

第2章

古代の伝説・事件の舞台となった社寺の謎

オオクニヌシ王国の遺産
出雲《いずも》大社
——崇神朝の神宝事件が語る国譲り神話の真実

出雲大社
島根県出雲市大社町
杵築東

『日本書紀』の「国譲り神話」のあらすじ

……高天原《たかまのはら》から葦原中国《あしはらのなかつくに》（地上世界）に遣わされた武甕槌神《たけみかづちのかみ》と経津主神《ふつぬしのかみ》の二柱の神は、出雲《いずも》国の五十田狭《いたさ》の小浜《おはま》に降臨すると、大地に逆さまに突き立てた剣の切っ先の上にあぐらをかいて座り、葦原中国を支配していた大己貴神《おおなむちのかみ》にこう告げた。

「天《あま》つ神の高皇産霊尊《たかみむすひのみこと》は皇孫《すめみま》を降臨させ、この国に君臨させようとお考えだ。さあ、国を譲りなさい」

あわてふためいた大己貴神は、子の事代主神《ことしろぬしのかみ》にどうすべきかを相談した。海辺で魚釣りをしていた事代主神は、遣わされた使者に「お譲りすべきでしょう」と答えると、海中に隠れ去った。

使者から報告を受けた大己貴神は、武甕槌神と経津主神にこう述べた。

「頼りにしている息子がすでに国をお譲りしましたので、私もお譲り申し上げましょう。私がお譲り申し上げれば、従わない者はいないでしょう」

そして、この国を平定したときに用いた広矛《ひろほこ》を二神に渡すと、さらにこう言った。

「私はこの矛を用いて国の平定を成し遂げました。天孫がこの矛を用いて国をお治めになれば、きっと天下は平安になるでしょう。私は遠い隅の世界に隠れ去ることにします」

言い終わると、大己貴神はほんとうに隠れ去ってしまった。

その後、武甕槌神と経津主神は邪神たちを誅伐し、高天原に復命した。

出雲大社の縁起譚ともなっている「国譲り神話」

少し長くなったが、出雲を舞台にした「国譲り神話」のあらすじを記してみた。

国譲り神話は神々の物語においては一大事件であり、記紀神話の流れのなかでは重要な意味をもつ。

出雲大社のオオクニヌシ像　『日本書紀』ではスサノオの子とされている

国つ神の代表である大己貴神（大国主神《おおくにぬしのかみ》の別名またはその青年期の名とされる）が天つ神に服属して国土（葦原中国）を譲ったことを受けて、天照大神《あまてらすおおみかみ》の孫の瓊瓊杵尊《ににぎのみこと》が葦原中国に天降るという天孫降臨が行われ、それが神武《じんむ》天皇の誕生へとつながってゆくからだ。

冒頭に記したあらすじは『日本書紀』神代巻の本文（「神代下」第九段）をもとにしたが、『古事記』でも大筋は同じである。ただし『古事記』では、出雲に降臨するのはタケミカヅチ（建御雷神）と天鳥船神《あめのとりふねのかみ》であり、この二神を遣わすのはタカミムスヒ（高御産巣日神）とアマテラス、というように、登場する神には異同がある。

さらに『古事記』では、国を譲って隠退したオオクニヌシは、その見返りとして出雲の海辺に豪奢な神殿を造営し、そこに隠居するという展開になっている。このとき、出雲に造営された神殿が、現在の出雲大社の起源である。

『日本書紀』の国譲り神話の箇所の一書《あるふみ》（「神代下」第九段・一書第二）にもこれと同じような内容のものがあり、そこでは出雲の神殿は「天日隅宮《あまのひすみのみや》」と呼ばれている。つまり、記紀の国譲り神話は出雲大社の縁起譚という性格も含んでいる。

国譲り神話については、一定の史実を反映しているのか否かということもよく論じられてきた。すなわち、往古、天つ神に象徴される中央政権＝大和朝廷がオオナムチ（オオクニヌシ）が象徴する「出雲王国」を平定したという史実があり、そのことが神話に反映されているのではないか、という見方の是非である。

この論点についてはさまざまな意見があるが、ここでは、謎解きの手掛かりのひとつとして、国譲り神話とよく似た構造をもつ、『日本書紀』に記された、ある歴史的「事件」について触れてみたい。

出雲の神宝を欲しがった崇神天皇

第十代崇神《すじん》天皇は第1章でも記したように、大神《おおみわ》神社の創祀をはじめ神祇祭祀や神社に関わりの深い天皇だが、晩年にも「出雲神宝事件」とでもいうべき、祭祀にまつわる重要な事件に関わっている。

崇神天皇六十年七月十四日条によると、崇神天皇は「出雲大神の宮」に納められている、武日照命《たけひなてりのみこと》（出雲氏の祖神）が天から持ち来ったという「神宝」を見たいと言い出し、使者として武諸隅《たけもろすみ》を出雲に遣わし、朝廷に献納させようとした。「出雲大神の宮」は、出雲大社もしくは出雲大社の原形をしているとみるのが妥当だろう。

当時、出雲の神宝を管理していたのは出雲振根《いずものふるね》で、武日照命の末裔にあたる豪族だった。しかし、振根はこのときたまたま九州の筑紫《つくし》国に出かけていたため、朝廷から派遣された武諸隅に応対したのは、振根の弟飯入根《いいいりね》だった。そして飯入根は兄に相談することなく素直に朝廷の命令に従い、出雲の神宝を大和の朝廷に貢上してしまった。これは、出雲が大和に服属したことを意味していた。

筑紫から帰還した振根は、出雲の神宝が易々と朝廷に献上されてしまったことを知ると激怒し、飯入根を謀殺した。

だが、この顚末が朝廷に伝えられると、天皇は振根を討伐すべく将軍の吉備津彦《きびつひこ》（第七代孝霊《こうれい》天皇の皇子）と武渟河別《たけぬなかわわけ》（第八代孝元《こうげん》天皇の孫）を出雲に派遣し、二将軍によって振根は誅殺されてしまう。これに恐れをなした出雲氏は、出雲大神（オオナムチ、オオクニヌシ）の祭祀を中断してしまった。

出雲を束ねてきた出雲氏は完全に大和に服従し、出雲の地は朝廷の支配下に入ってしまったのである。

重なり合う「国譲り神話」と出雲神宝事件

さてここで仮に、吉備津彦と武渟河別を経津主神と武甕槌神、出雲振根をオオナムチ（オオクニヌシ）にあてはめてみよう。

そうすると、大和に神宝を献上して服従する出雲という崇神朝の構図は、天つ神に広矛を献上して土地を譲るという国譲り神話と、おもしろいほどによく重なり合う。

こうしたことからすれば、国譲り神話は出雲が朝廷の支配下に入ることを決定づけた出雲神宝事件をモチーフとしているのではないか、出雲神宝事件を大和朝廷による日本統治を正当化する説話としてデフォルメし、神話的に表現したのが国譲り神話なのではないか、という見方が妥当性を帯びてくる。

ところで、崇神朝の出雲神宝事件にはまだ続きがある。

出雲大神の祭祀が中断されてしばらくすると、出雲大神が神宝の返却を求めているようにもとれる神託があったことが天皇に奏上された。そこで天皇は勅を下して、出雲大神の祭祀を再開させたという。大神の祟りを天皇は恐れたのだろう。このあたりは、出雲を隠退したオオナムチがあらたに造営された神殿に住まい、出雲の大神として祀られたという国譲り神話のラストと重ならなくもない。

出雲大社（神楽殿）　古代より杵築（きづき）大社とも呼ばれていたが、明治に入り出雲大社が正式な社名となった

そしておそらく朝廷が奪った出雲の神宝も、そのすべてか一部かはわからないが、出雲祭祀の再開にあわせて返還されたのではないだろうか。つぎの垂仁《すいにん》天皇の記事には、朝廷が出雲に使者を遣わして出雲の神宝を調べさせる、というくだりがあるからである（垂仁天皇二十六年八月三日条）。

出雲で大量に見つかった青銅器が「出雲の神宝」なのか

もちろん、『日本書紀』の崇神・垂仁天皇の記事がすべてそのまま史実であるとは考えにくく、出雲神宝事件が虚構である可能性もないわけではない。三世紀ごろと推測される崇神朝に出雲大社が現在地に鎮座し、すでに社殿もそなえていたと考えることにも難がある。国譲り神話にしても、そのモチーフはひとつだけでなく、そこにはさまざまな地域・氏族の伝承や信仰、そして編纂した朝廷側の思惑が伏在しているはずである。

だが、出雲神宝事件については、比較的近年になって強力な考古学的傍証があらわれた。

一九八〇年代から九〇年代にかけて、出雲地方の二つの遺跡から弥生時代の大量の青銅器が発掘され、考古学上の空前の大発見として話題を呼んだ。

昭和五十九年（一九八四）に発見された荒神谷《こうじんだに》遺跡（島根県出雲市斐川町神庭）と平成八年（一九九六）に発見された加茂岩倉《かもいわくら》遺跡（雲南市加茂町岩倉）がそれで、荒神谷遺跡からは銅剣三百五十八本、銅鐸六個、銅矛十六本が出土し、そこから東へ三キロほどの加茂岩倉遺跡からは銅鐸三十九個が出土した。

剣や矛は武器ではなく、祭祀に使用されたものと考えられている。銅鐸の用途は古来、謎とされてきたが、祭具とする説が有力だ。

さらに興味深いのは、両遺跡の場所が仏経山《ぶっきょうさん》の山すそに位置していることだ。仏経山（標高三六六メートル）は古くは神名火山《かむなびやま》と呼ばれ、現在の出雲大社からは十五キロほど離れているが、古くから聖地視されていたらしい。その山頂の岩塊を神の降臨する磐座《いわくら》として崇めたのが出雲大社のルーツであり、そここそが元出雲だという説もある（村井康彦『出雲と大和』）。

荒神谷・加茂岩倉遺跡の大量の青銅器については、誰がなぜここに埋めたのかなど、謎や疑問は尽きない。

だが、『日本書紀』の記述と照らし合わせるならば、つぎのような推理がおのずと生じる。

「これらの青銅器こそが崇神天皇を魅了した出雲の神宝だったのではないか」

もしそうだとすれば、その青銅器には出雲大社の古層とオオクニヌシを崇めた出雲王国の栄華の記憶がとどめられていることになろう。

加茂岩倉遺跡　荒神谷遺跡と約3・4キロしか離れておらず、両遺跡の銅鐸に「×」印の刻印があることから、両遺跡に関係性がうかがわれる（置かれている銅鐸はレプリカ）

荒神谷遺跡　仏経山から北東3キロの位置にある。銅剣の1箇所からの出土数としては最多であり、古代史学・考古学界に大きな衝撃を与えた

新羅の王子アメノヒホコを祀る
出石《いずし》神社
――渡来人がもたらした「神宝」とは何だったのか

出石神社
兵庫県豊岡市出石町宮内

渡来人アメノヒホコに由来する出石神社

兵庫県北東部に位置する豊岡市出石《いずし》町は、現在はあまり交通の便がよくない土地柄だが、出石川沿いに開けた小盆地であり、古い歴史をもつ。この地に鎮座する出石神社にまつわる伝説が『古事記』『日本書紀』に記されているからだ。

但馬国一宮《たじまのくにいちのみや》でもある出石神社は天日槍《あめのひほこ》（天之日矛）という名の伝説的な古代の渡来人と深い関係があり、アメノヒホコと彼が将来したという神宝を神として祀っていて、そのルーツは、『日本書紀』によれば、第十一代垂仁《すいにん》天皇の時代にまでさかのぼる。

出石神社　但馬国はアメノヒホコ一族の根拠地であり、ほかにも一族に関係した神社が多くある

垂仁天皇三年三月、朝鮮半島の新羅《しらぎ》の王子アメノヒホコが日本にやって来た。そのとき彼は七種の宝物を将来した。七種の宝物とは、羽太《はふと》の玉《たま》・足高《あしたか》の玉・鵜鹿鹿《うかか》の赤石《あかし》の玉・出石の小刀《かたな》・出石の桙《ほこ》・日鏡《ひのかがみ》・熊の神籬《ひもろぎ》であった。これらは但馬国に納められ、永く神宝となったという。

アメノヒホコが将来したという宝物については解説が必要だろうが、それについては後述するとして、『日本書紀』の垂仁天皇三年三月条は、いま紹介した本文につづけて、さらにおよそつぎのような長々とした注記を掲げている。

「一説によると、アメノヒホコははじめ、小舟に乗って播磨国《はりまのくに》に着き、宍粟邑《しさわのむら》（兵庫県旧

アメノヒホコの系図(日本書紀)

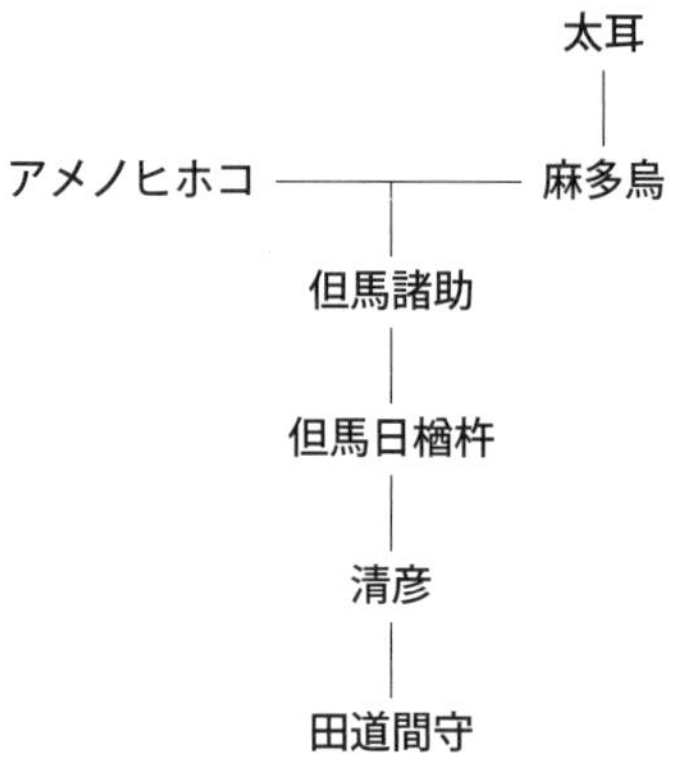

宍粟《しそう》郡）に滞在した。そのとき天皇は使者を播磨に遣わして、アメノヒホコに、何者でどこからやって来たのかと尋ねた。すると天日槍は『私は新羅の国王の子です。しかし日本に聖皇がいると聞いて、自分の国を弟に譲り、参上しました』と答え、葉細《はほそ》の珠《たま》・足高の珠・鵜鹿鹿の赤石の珠・出石の刀子《かたな》・出石の槍《ほこ》・日鏡・熊の神籬・胆狭浅《いささ》の大刀《たち》の、合わせて八種の宝物を献上した。

さらに『諸国をめぐってみて、自分の心に適うところがあれば、その土地を下賜していただけませんでしょうか』と願うと、天皇はこれを許した。

そこで、アメノヒホコは宇治川をさかのぼり、北方の近江国の吾名邑《あなのむら》（滋賀県米原市箕浦、旧坂田郡近江町箕浦付近か）に入ってしばらく住んだ。その後、近江から若狭国をへて西方の但馬国にいたり、そこを住みかと定めた。

アメノヒホコは但馬国の出石の人太耳《ふとみみ》の娘麻多烏《またお》をめとって但馬諸助《もろすく》をもうけ、諸助は但馬日楢杵《ひならき》をもうけ、日楢杵は清彦《きよひこ》をもうけ、清彦は田道間守《たじまもり》をもうけたという」


つまり、新羅から宝物とともに渡来したアメノヒホコは但馬国の出石に最終的に住み着き、その地に宝物を神宝として納めた。

このような伝説を出石神社は由来としており、祭神をアメノヒホコと彼がもたらした神宝を御霊代《みたましろ》とする出石八前大神《いずしのやまえのおおかみ》としている。

アメノヒホコの神宝は朝鮮系の呪具か

『古事記』も第十五代応神《おうじん》天皇の段に「いま（応神朝）から昔のこと」としてアメノヒホコ伝説を記しているが、そこには『日本書紀』との違いも若干みられる。

まず、アメノヒホコが将来した宝物の内容が違っていて、珠二つ・浪振る比礼《ひれ》・浪切る比礼・風振る比礼・風切る比礼・奥《おき》つ鏡・辺《へ》つ鏡の八種となっている。

来朝した理由も異なっている。『日本書紀』では天皇（聖皇）の評判を聞きつけてというものだったが、『古事記』では、アメノヒホコは日本へ逃げてしまった妻の後を追ってやって来たことになっている（アメノヒホコは結局、その妻とは会えずじまいで、但馬国で別の女性を妻にめとる）。

両者を比較すると、『日本書紀』のほうが政治性の濃い内容になっているということになろう。

ここで改めて注目したいのは、アメノヒホコの神宝（宝物）である。

記紀にはさまざまな名称があがっていて、七種であったり、八種であったりするが、大別すると、『日本書紀』の場合は玉（珠）・刀・鉾（槍）・鏡・熊の神籬に整理することができる。

このうち正体不明なのが「熊の神籬」で、「神籬」といえばふつう神の降臨場所として結界された空間をさし、神の依《よ》り代《しろ》として立てられた榊に注連縄《しめなわ》をめぐらしたものなどが一般的だが、「熊」が動物の熊のことをさしているのか、それともまったく別の意味をもつ言葉なのか、諸説があり、不詳となっている。

難解語の「熊の神籬」はひとまず保留するとして、アメノヒホコの神宝は玉・刀・鉾・鏡の四つに分類でき、『古事記』バージョンを含めると、これに比礼が加わることになる。比礼とは薄く細長い布のことで、古代には、これを振ると呪力が生じると信じられていた。

これらの神宝をアメノヒホコが持ってきたということは、何を意味しているのだろうか。

神話学者の三品《みしな》彰英氏は、これらを朝鮮半島の呪的儀礼で用いられた呪具であったろうと指摘している（『増補・日鮮神話伝説の研究』）。そして、アメノヒホコを、太陽神を招き入れる呪的儀礼で依り代として用いられる呪具としての矛を擬人化したものとして理解している。

先述したように『古事記』バージョンでは、アメノヒホコに先んじて彼の妻が日本に渡ってきたことになっているが、『古事記』によれば、彼女は日光を精として生まれた赤玉が変じたもので、船に乗って難波に渡来するのだが、のちには難波の比売碁《ひめご》曾《そ》神社に阿加流比売神《あかるひめのかみ》という女神として祀られるようになったという。アカルヒメという神名は太陽のように光り輝くさまを含意しているのだろう。こうしたアメノヒホコの妻をめぐる説話なども、半島由来の太陽神信仰やその呪的儀礼と関連づけることができそうである。

そして、出石の地に持ち込まれたアメノヒホコの神宝は、それを用いた呪的儀礼とあわせて現地の人々の興味をかきたて、珍重されたことだろう。

アメノヒホコの神宝の数奇な運命

アメノヒホコの神宝については後日譚がある。

『日本書紀』の垂仁天皇八十八年七月十日条によると、垂仁天皇は但馬国のアメノヒホコの神宝の噂を聞きつけ、それを見たいと願った。そして使者を遣わしてアメノヒホコの曾孫清彦に神宝を献上させ、それらは朝廷の神府《みくら》に納められた。出石神社は神宝を手放してしまったのだ。

ところが、同条によれば、神宝献上の際にはこんな珍事があったという。

清彦は、神宝のうち小刀だけは密かに衣の中に隠して献上しなかった。だが天皇の御前に出たとき、小刀が衣の中からおのずと現れ出てしまったため、結局これも天皇に献上し、それは他の神宝と一緒に神府に納められた。だが、小刀はひとりでに神府から姿を消して淡路島に渡った。島の人はこれを神とし、祠《ほこら》をたてて祀った。

前節の出雲神宝事件のところでも記したが、神宝を献上するということは、献上する側が献上される側に服属するという意味をもつ。いったん献上されたはずの小刀の迷走は、アメノヒホコ一族の朝廷に対するささやかな抵抗を隠喩しているのだろうか。

淡路島の東端にはアメノヒホコを祭神とする出石神社（通称・生石《おいし》神社）が鎮座しており、出石の小刀が祀られた「祠」に比定されている。また、出石の神宝が朝廷に献上されたというのが史実なのであれば、その後の出石神社には神宝そのものは存在せず、神宝の神霊を祀りつづけているということになる。

ところで、垂仁天皇八十八年七月十日条のつぎは九十年二月一日条になっているが、それは清彦の子、つまりアメノヒホコの末裔の田道間守が天皇の命を受けて不老長生の果物を探しに常世国《とこよのくに》へ出立するという記事になっている。

田道間守は常世国で秘果を得て帰朝するものの、天皇はすでに崩御していたために悲嘆にくれ、御陵《みささぎ》の前で自死してしまうのだが、これは朝廷と距離を置いていた渡来系氏族が馴化《じゅんか》されて天皇の忠臣となったことを示す説話でもあるのだろう。

神社や神社祭祀は渡来文化の影響を大きく受けていた

アメノヒホコの名は、記紀以外には、『播磨国風土記《ふどき》』、『筑前国風土記』逸文《いつぶん》、『古《こ》

大阪市にある比売許曽（ひめこそ）神社　アメノヒホコの妻・阿加流比売神が新羅から難波に至り、祭神となったという比売碁曾神社に比定される

語《ご》拾遺《しゅうい》』などに登場し、朝鮮半島出身の人物あるいは神として記されている。

　こうしたことからすれば、アメノヒホコ伝説は、アメノヒホコという名前であったかどうかは別にして、また新羅の王子であったどうかという点も措くとして、ヤマト王権黎明期に半島から渡来した実在の人物をモチーフにしていると考えるべきだろう。

　そして、その構成や内実はまた別の問題として、その人物が何らかの神宝を将来したことも事実だろう。アメノヒホコは一人ではなく複数かもしれないし、アメノヒホコという神を崇める半島出身の一族とみるべきなのかもしれないが、貴重な神宝を保持していたということからすると、高貴の生まれであったとは類推できよう。

そしてまた、渡来人アメノヒホコと彼の神宝を機縁として但馬に出石神社が創祀されたことも事実なのだろう。ちなみに、出石町内にある入佐山《いるさのやま》一帯には四世紀後半〜六世紀初頭と推定される墳墓群があるが、被葬者はアメノヒホコ一族の可能性もあるのではないか。

神社というとあくまで日本固有のものと考えがちだが、出石神社のように、渡来人や渡来系氏族と深く関わりをもつ古社は意外に多い。第1章に記したように、奈良の大神《おおみわ》神社も渡来系氏族の関与を指摘しうる。

神社や神祇祭祀はまちがいなく大陸・半島系の渡来文化から大きな影響を受けている。記紀のアメノヒホコ伝承は、そのことをはっきりと示している。

仲哀天皇の悲劇の舞台
香《か》椎《しい》宮《ぐう》
――神功皇后伝承と九州の聖母信仰をめぐる謎

香椎宮
福岡市東区香椎

神託を疑って九州で急死した仲哀天皇

香椎宮《かしいぐう》は福岡市東部に鎮座する由緒ある名社で、現在は仲哀《ちゅうあい》天皇と神功《じんぐう》皇后を祭神とするが、神社としてはいささか特異な成り立ちをもっている。

第十四代仲哀天皇は、南九州の熊襲《くまそ》と東国の蝦夷《えみし》の征討を成し遂げたという伝説的な英雄日本武尊《やまとたけるのみこと》（倭建命）の子である。

ヤマトタケルは第十二代景行《けいこう》天皇の皇子で、本来であれば皇位を嗣ぐべきであったが、第一章でも触れたように東征後に病没してしまう。そのため、景行崩御後はヤマトタケルの異母弟であった成務《せいむ》天皇が即位した。ところが、成務天皇は子を残さない

古代天皇系図②

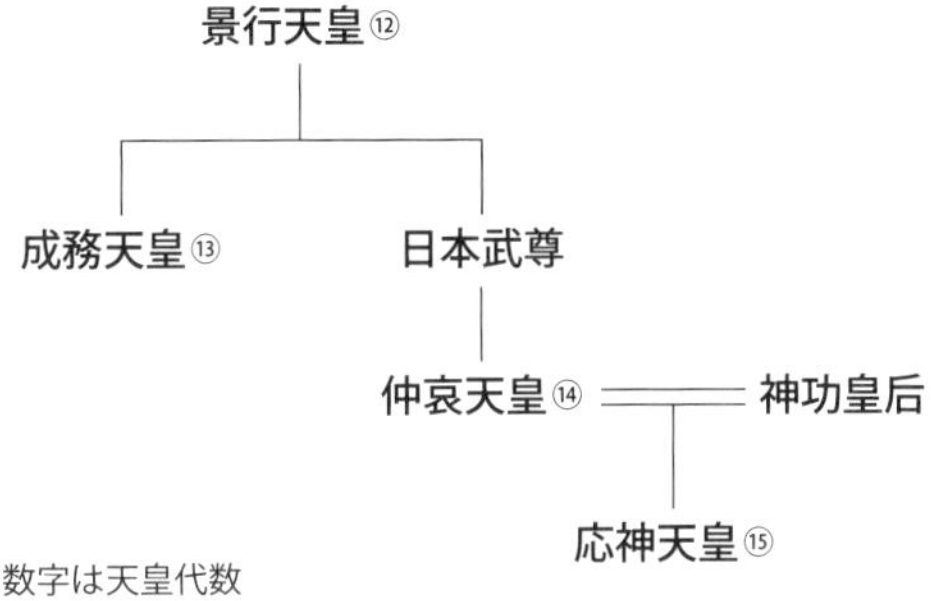

○数字は天皇代数

ままに亡くなってしまったので、彼の甥にあたる仲哀天皇に皇位がまわってきたのである。そして、仲哀の皇后となったのが神功皇后（気長足《おきながたらし》姫尊《ひめのみこと》）であった。ちなみに、神功皇后は出石《いずし》神社に祀られるアメノヒホコの末裔でもあった。

だが『日本書紀』には、仲哀天皇の時代になって九州の熊襲がふたたび反逆をはじめたとあり、そこで天皇はみずからが熊襲を征討することを決意し、皇后とともに九州へ向かったと記されている。

そして、仲哀天皇八年正月、筑紫国《つくしのくに》の儺県《なのあがた》（福岡県博多地方）に到着した。このとき滞在したのが橿日宮《かしひのみや》、すなわち香椎宮《かしいぐう》の前身で、そこは天皇による熊襲征討の拠点となった。

同年九月五日、天皇が熊襲征討のことを群臣たちと相談していると、突然、神功皇后が神憑《かみがか》り状態になり、神託を下しはじめた。

「なぜ天皇は熊襲などにかまうのか。熊襲の国はやせた不毛の地であり、あえて征討する必要はない。この国よりも勝《すぐ》れた、宝物にあふれた新羅《しらぎ》という国が海の向こうにある。もし私をよく祀るならば、刃を血塗らせることなく、新羅を帰服させることができるだろう」

ところが、天皇は神の言葉に疑いを抱き、高い丘の上に登って望み見た。はるか遠くまで海原が広がっていて、よその国などは見あたらない。

天皇は神に対して「見渡しても海ばかりで、国などなかった。なぜ神は私を欺くのか」となじった。すると神はまた皇后に乗り移り、こう告げた。

「なぜ私のことばを謗《そし》るのか。信じないのなら、あなたはその国を得ることができないだろう。たったいま、皇后が身ごもったが、やがて生まれてくる御子（のちの応神《おうじん》天皇）がその国を得ることになるだろう」

しかしそれでも天皇は神の言葉を信じず、新羅のある朝鮮半島へは向かわずに、熊襲征討を強行した。だが、戦いに勝つことができず、むなしく橿日宮へ戻った。

そして翌年（仲哀天皇九年）の二月五日、天皇は突然、重病に陥り、その翌日、橿日宮であっけなく崩御してしまったのである。

「天皇は熊襲に討たれて敗死した」と記す『日本書紀』の異伝

神のことばを疑って信じなかった仲哀天皇は、結局は神の祟りにあったかのようにして急逝してしまったわけである。『古事記』では、神功皇后が神託を下してから時をおかずして、神のはげしい怒りにふれて仲哀天皇は息絶えており、よりドラマチックな内容になっている。

それにしても皇后に憑依し、天皇に命令し、さらには天皇を死においやった神とは、いったいどんな神だったのか。

『日本書紀』のなかでは、夫の死後、神功皇后が七日七夜にわたって「天皇にお教えをたまわった神はいずれの神でしょうか」と神託を請うことによって、その神が、天照大神《あまてらすおおみかみ》であり、稚日女尊《わかひるめのみこと》（天照大神の子または妹）であり、事代主尊《ことしろぬしのみこと》（託宣の神）であり、住吉《すみよし》三神（表筒男命《うわつつのおのみこと》・中筒男命《なかつつのおのみこと》・底筒男命《そこつつのおのみこと》。航海の神）であったことが明かされている（「神功皇后摂政前紀」）。神は単独ではなく複数であったわけで、いずれも王権と関わりの深い神々であった。

神功皇后　仲哀天皇崩御から応神天皇即位まで摂政として約70年間君臨した（歌川国芳画『名高百勇伝』）

　そして、神への敬信の篤い神功皇后はこれらの神々を祀り、その教えにしたがって新羅親征におもむき、征討を果たしたのち九州に帰還すると皇子を生む。この皇子がのちに応神天皇となるのだ。

　ところで、『日本書紀』は仲哀天皇九年二月五日条の天皇崩御の記事のあとに、「一《ある》に云《い》わく」として、興味深い異伝を注記している。それによると、天皇はみずから熊襲征討に向かったが、賊の矢にあたって命を落としてしまったのだという。

　異民族に討たれて敗死したという異伝の記述こそが事実だったが、それは天皇にとってはあまりに不名誉であり、また忌むべきことであったので、神の怒りにふれて死にいたったとする神秘的な説話が醸成された。――うがった見方をするならば、そんなふうにも考えられよう。

香椎宮はかつては「香椎廟」と呼ばれていた

橿日宮は、『日本書紀』においては、神功皇后が新羅征討のために九州を発って以降は言及されることがなく、それが香椎宮という神社の起源になったという類の記述もない。ちなみに、急死した仲哀天皇の遺骸は橿日宮から穴門《あなと》（山口県西部）をへて畿内に運ばれ、最終的には河内国《かわちのくに》（大阪府南東部）の長野陵に葬られている。

しかし、香椎宮の社伝によれば、仲哀天皇崩御後、橿日宮の地に神功皇后によって神霊が祀られた。これが香椎宮のルーツだという。さらに奈良時代の養老七年（七二三）に神功皇后の神託があり、それにもとづいて朝廷の命により社殿が造営されたとも伝わっている（「香椎宮編年記」）。

現在の境内の奥には橿日宮の跡地で仲哀天皇の神祠がたてられた場所と伝えられる一角があり、古宮《ふるみや》と称されている。建物はないが、地名の由来となった椎の神木がある。伝承によると、この椎に棺を掛けたところ異香が漂ったので「香椎」の地名が起こったのだという。

だが、これらはいずれも伝説であって、史実として確証されているわけではない。じつは史料上における香椎宮の初出は『万葉集』の中にある。大伴旅人《おおとものたびと》の和歌（巻六・九五七）の題詞に「神亀《じんき》五年（七二八）十一月に大宰府《だざいふ》の官人たちが香椎宮に参拝した」と記されているのが、それである。

つまり、香椎宮の起源は、文献上では八世紀前半をさかのぼることはできない。しかも、旅人の歌には仲哀天皇や神功皇后は全く触れられていない。

香椎宮のルーツについては、もうひとつ気になることがある。

じつは、前出の『万葉集』では、正確にいうと「香椎宮」ではなく「香椎廟《びょう》」と書かれている。古代の法典集である『延喜式《えんぎしき》』（九二七年完成）には、全国の主要神社を列挙する「神名《じんみょう》」の巻に香椎宮は記載されておらず、そのかわり朝廷の儀式などについて記す「式部省《しきぶ》」の官に「橿日廟」として言及されている。

香椎宮は古くは香椎廟とも呼ばれていたのだ。

廟とは中国や朝鮮でしばしばみられたもので、一族や王室の祖霊を祀る建物をさし、いわば神社と陵墓の中間のような聖所だ。とにかく、古代の人々は香椎の聖所を、神社とは区別してあくまで「廟」として認識していた。

香椎宮の綾杉　神功皇后が新羅親征から戻ったおりに、剣・鉾・杖を埋めて、その上に杉を植えたとされる

橿日宮に入った仲哀天皇に神が朝鮮征討をすすめたという記紀のエピソードからもうかがえるように、九州北部の香椎一帯は大陸・半島との通交や交易の拠点でもあった。そのことを考えれば、「廟」という特殊な呼び方には、大陸や半島の廟祭祀がこの聖所の成立に影響を与えた可能性が示唆されているといえる。

香椎宮を本源とする九州の聖母信仰

香椎宮の祭神としての神功皇后は、鎌倉時代の文献、たとえば『八幡愚童訓《はちまんぐどうくん》』（八幡神の霊験を記したもの）には「聖母《しょうも(せいぼ)》」

とか「聖母大菩薩」などと記されている。この場合の「聖母」は、狭義には応神天皇の母としての神功皇后をさすが、広義では「処女にして神の御子を生み育てた神秘的な女性」という意味をもつともいわれる。これは一面ではキリスト教のマリア信仰にも通じるが、九州には聖母宮とか聖母神社と呼ばれる神社が点在しているので、香椎宮の聖母崇拝には、中央の神功皇后伝承とは区別される、九州固有の民俗信仰的な側面をみとめることもできる。

神功皇后の和名をオオタラシヒメ（大帯姫）というが、このタラシは「子供を育てる」という意味の古語である「日足《ひた》る」に由来し、「子どもをお育てになる」という意味をもつという（西田長男・三橋健『神々の原影』）。御子神を生み養う「聖母」にふさわしい名前であろう。余談だが、「母」の枕詞である「たらちね」も育てるという意味の「足る」と関係があるのではないだろうか。

つまり、神功皇后の原像としてのオオタラシヒメとは、「オオタラシ家の高貴な女性」という意味で、タラシは子供を育てるのが得意な女性のことである。換言すれば、聖母ということになる。

神功皇后と応神天皇への崇敬は八幡信仰の総本宮である大分県の宇佐神宮が中心で、

それはのちに仏教とも習合して大きな発展をみた。その一方で、神功皇后伝承は九州では渡来系の廟祭祀、土着的な聖母信仰と結びついて独特の信仰圏を形成した。その聖母の本源となったのが、別名を香椎聖母宮または香椎聖母大菩薩ともいった、香椎宮であった。このことは、この地で彼女の夫君である仲哀天皇が急逝したという伝承があったこととも関係していよう。聖母信仰を皇室と結びつけるために、神功が皇后であったとか、その夫君である仲哀天皇が九州で崩御したという記紀伝承が醸成された可能性も考えられる。

神功皇后については、実在しないとの説もあるが、そのすがたにさまざまな地域の伝承や信仰が投影されていることは注目される。

その原像の中核をなしているのは、大陸・半島の影響を受けた香椎の聖母信仰であり、オオタラシヒメ伝承なのだろう。

河内王朝の記憶

住吉《すみよし》大社

——神功皇后伝説と王朝交替説の交点

住吉大社

大阪市住吉区住吉

仲哀天皇の急逝後に示現した住吉三神

香椎宮《かしいぐう》とならんで神功《じんぐう》皇后伝説と深い結びつきをもつ古社としては、大阪の住吉《すみよし》大社がある。住吉大社は、表筒男命《うわつつのおのみこと》・中筒男命《なかつつのおのみこと》・底筒男命《そこつつのおのみこと》のいわゆる住吉三神(住吉大神)と神功皇后を祀っているが、記紀の霊験《れいげん》譚に満ちた神功皇后伝説が、住吉大社の最古の鎮座縁起にもなっている。

前節と若干重なるが、住吉三神と神功皇后の関わりを『日本書紀』から拾ってみると、夫君である第十四代仲哀《ちゅうあい》天皇の急死後、神功皇后が筑紫《つくし》の橿日宮《かしひのみや》で神憑《かみがか》りして神託を請うと、示現《じげん》したのは、天照大神《あまてらすおおみかみ》、稚日女尊《わかひるめのみこと》、事代主尊《ことしろぬしのみこと》であり、最後に

住吉大社 鎮座する上町台地は、古代には海に接していた

「日向国《ひむかのくに》の橘《たちばなの》小門《おど》の水底《みなそこ》に居《ま》して水葉《みなは》も稚《わかや》けく出《い》で居《ま》す神」といって名乗りをあげたのが表筒男命・中筒男命・底筒男命の三神だった。

これらツツノオ三神はすでに神代巻に登場している。黄泉国《よみのくに》から帰還した伊奘諾《いざなきの》尊《みこと》が九州の海辺（「筑紫の日向の小戸《おど》の橘《たちばな》の檍原《あわきはら》」）で禊祓《みそぎはらえ》をしたときに生まれた神々で、これが住吉大神（住吉三神）、すなわち住吉大社に祀られている神であることも、神代巻は記している（「神代上」第五段・一書《あるふみ》第六）。

神名ツツノオの語義をめぐっては諸説あり、有力なものとしては、星の古語にツヅがあることから、航海するときに目標となる星を神格化したものだろうとする説や（吉田東伍）、対馬の豆酘《つつ》の地を本拠としていた海人に由来するもので、「豆酘の男」の意であろうとする説（田中卓）、「津（港）の男」ととる説（山田孝雄）などがある。ちなみに、住吉は古代にはスミノエと読まれ、『古事記』では墨江と書かれている。スミノエとは「水の澄んだきれいな入り江」というような意味で、それが地名となり、その土地に鎮座する神の名前となったのだろうという見方がある。

いずれにしても、このようなことをふまえて、一般に、ツツノオ三神つまり住吉神といえば、まず航海守護の神として理解されてきた。

大和への凱旋の途次、神功皇后が鎮祭したのが住吉大社の起源

仲哀天皇崩御後、神功皇后は応神《おうじん》天皇を身ごもっていたが、住吉神の荒魂《あらみたま》を軍船の先鋒とし、和魂《にぎみたま》を王船の鎮守《ちんじゅ》として新羅《しらぎ》征討に向かう。すると、新羅は戦わずして降服し、高句麗《こうくり》・百済《くだら》も日本への朝貢を誓った。そして、帰国すると筑紫の宇瀰《うみ》（福岡県糟屋郡宇美町）で応神天皇が誕生したのだった。

古代の大阪平野推定図
（古墳時代前期頃）

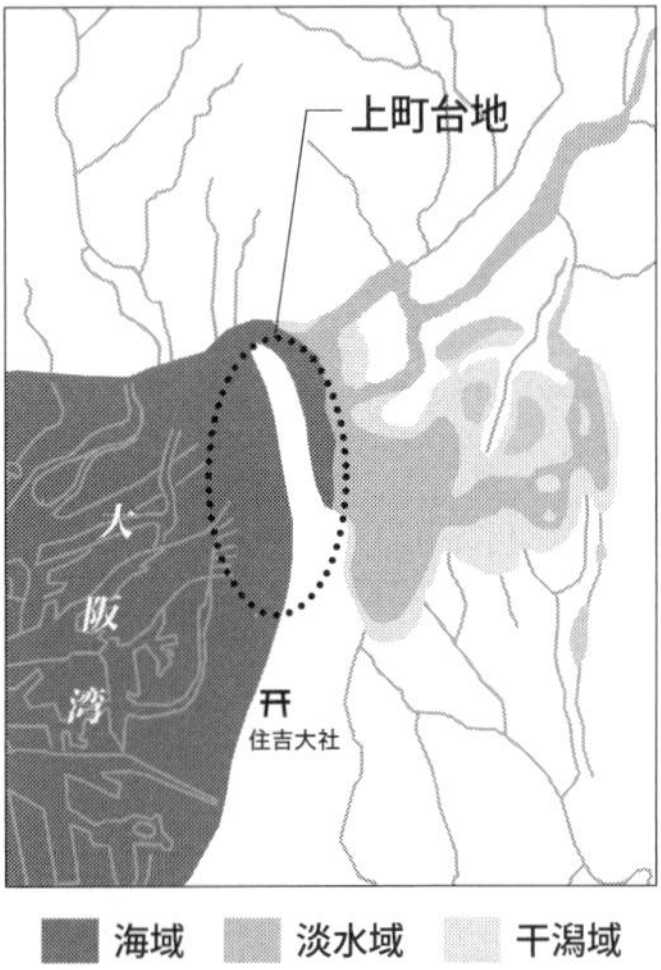

『凹凸を楽しむ大阪「高低差」地形散歩』（新之介、洋泉社）を参考に作成

その後、神功皇后は大和へ凱旋するのだが、その途次に住吉神の神託にしたがって、住吉神の荒魂を穴門《あなと》の山田邑《やまだのむら》に、和魂を大津の渟名倉《ぬなくら》の長峡《ながお》に鎮祭した。前者は現在の山口県下関市の住吉神社であり、後者が大阪の住吉大社である。

大阪の住吉大社は現在、海岸から数キロ隔たっているが、古代には目の前はすぐ海で、近くには住吉津という良港があった。

また古代の大阪の地形も現在とは大きく異なり、南北に細長くのびる上町《うえまち》台地が主要部で、その東側は内海（河内《かわち》湾）、西側が大阪湾になっていた。つまり砂州をともなった上町台地が半島のようになっていて、そのほぼ突端が難波津《なにわつ》だったのである。

その半島のほぼ付け根のところに住吉大社が鎮座したのだ。

そこはまさに難波の根元をおさえる要所であり、航海の神が鎮座するにふさわしい場所であったといえよう。

応神・仁徳朝では難波は大和朝廷の陪都として栄えた

『日本書紀』に戻ると、神功皇后はまた天照大神の荒魂を広田国《ひろたのくに》に、稚日女尊を活田《いくたの》長峡国《ながおのくに》に、事代主尊を長田国《ながたのくに》に祀らせ、それぞれ広田神社（兵庫県西宮市大社町）、生田神社（神戸市中央区）、長田神社（神戸市長田区）の起こりとなった。

この間、畿内に残っていた、仲哀天皇と大中姫《おおなかつひめ》の子である麛坂王《かごさかのみこ》・忍熊王《おしくまのみこ》、つまり応神天皇の異母兄弟が神功・応神母子に対して反乱を起こすが、住吉神の加護や忠臣・武内宿禰《たけうちのすくね》の活躍などもあって乱は鎮圧されている。

そして神功皇后は大和の磐余《いわれ》（奈良県桜井市中部から橿原市東部にかけての一帯）に入って若桜宮《わかさくらのみや》を営み、摂政《せっしょう》として七十年近く治政を行い、神功の崩御をへて、応神天皇が即位するのである。

応神とつぎの仁徳天皇は難波に宮を営み（大隅宮《おおすみのみや》、高津宮《たかつのみや》）、難波は大和朝廷の外港・陪都として栄え、住吉大社もその守護神として発展してゆく。さらにはその周辺（河内国）に巨大な天皇陵が建造されてゆくのである。

神功皇后伝説には、皇后の神憑りと神託、仲哀天皇の急死、新羅征討、応神天皇の誕生、王子の反乱など、さまざまなモチーフが盛り込まれていてにぎにぎしいが、そこにはつねに住吉神の影が揺曳《ようえい》している。住吉神への信仰や古伝承がこの伝説の底流となっているのだ。

王朝交替説を裏づける住吉信仰の九州色

ところが、このようなドラマチックで神秘的な神功皇后伝説を批判的に読み解き、第十四代仲哀天皇と第十五代応神天皇のあいだにはじつは皇統の断絶があるのではないか、これを機に王朝交替が行われたのではないか、という見方がある。

つまり、九州で出生した応神天皇が母・神功皇后とともに畿内の異母兄弟の反乱を制して皇位を継ぐという展開は、九州出身の豪族が畿内に攻めのぼって先帝の遺児であった二王を滅ぼして大和の旧王朝勢力を制し、河内・難波を拠点とする新たな王朝を勃興させたという史実を潤色したものではないか——という説である。

応神朝あるいはそのつぎの仁徳朝をエポックとする王朝交替説は、昭和戦後以降、歴史学者の水野祐氏をはじめさまざまな学者が提唱してきた。細部には異なる点も多いが、共通するのは、大和の旧勢力に対抗して新たな王朝が難波・河内地方に起こったとすること、旧王朝と新王朝は血縁的には無関係だったが、後世になって系譜的に結びつけられたとすることの、二点である。

王朝交替説は、住吉信仰の点からもある程度、傍証することが可能だ。

記紀の神功皇后伝説によれば、住吉神が神功に対してはじめに示現《じげん》した場所は橿日宮つまり九州北部であり、神話の場面にさかのぼっても、住吉神は伊奘諾尊が九州の海辺で禊祓をしたときに化生している。つまり、住吉神の本貫《ほんがん》は畿内ではなく九州であり、本来的には九州の海人《あま》族が奉斎していた神だったのではないか、とも推測しうる。新たに興った応神朝を支えたのは、九州から進出してきた彼ら海人族だったのではなかったか——ということである。

ちなみに、かつては那珂川《なかがわ》の河口にあたっていたという福岡市博多区住吉に鎮座する住吉神社には同所を伊奘諾尊が禊祓をした「檍原《あわきはら》」に比定される古跡とする伝えがあり、全国の住吉神社の始原は大阪の住吉大社ではなくてこことする説もみられる。

難波津では河内王朝の即位儀礼が行われていた

また、記紀では表向きは応神天皇の父は仲哀天皇ということになっているが、よく読むとその辺が微妙にぼかされている感を抱く。たとえば、『日本書紀』をみると、橿日宮の仲哀天皇の前で神功皇后が神憑《かみがか》ったとき、神は「たったいま、皇后が身ごもった（唯今《ただいま》し、皇后始めて有胎《はら》みませり）」（仲哀天皇八年九月五日条）と告げていて、やがて生まれ出る応神が神の子であることが示唆されている。

住吉大社には天平三年（七三一）の奥書をもつ『住吉大社神代記』という古縁起が伝来しているが、そこには、仲哀天皇の死後、神功皇后と住吉神が「密事《みそかごと》」を通わせたと記されている。つまり明らかに応神天皇は住吉神の子という設定になっている。

もし、王朝交替説がいうように、応神が難波・河内を拠点に据えた新王朝の始祖だとするならば、住吉神は難波・河内王朝の祖神、守護神ということになろう。

平安時代から鎌倉時代初期にかけて、天皇が即位したあと、大嘗祭《だいじょうさい》に付随して八十島祭《やそしままつり》という呪術的祭儀が行われていた。住吉神などを祭神として、難波津の海岸で御衣《みそ》（天皇の衣）を納めた筥《はこ》を女官たちが振り動かすというものだったが、これを、難波津で太陽霊を迎え祀る河内王朝系の古い秘儀的な就任儀礼の名残りと推定する説もある（岡田精司『古代王権の祭祀と神話』）。

王朝交替説は確証されているわけではなく、あくまで仮説にすぎないが、記紀の天皇史のうえでは、応神朝（西暦にあてはめれば五世紀前半ごろか）が大きな画期をなしているのはまぎれもない事実である。

その画期の巨大なモニュメントとなっているのが、住吉大社なのである。

山田寺跡
奈良県桜井市山田

飛鳥の争乱の残影
山田寺《やまだでら》
――蘇我倉山田石川麻呂の悲劇と仏頭の流転

「乙巳の変」で蘇我氏本宗家を追い落とした石川麻呂

第2章の最後は、神社ではなく、寺院を取り上げてみたい。

六世紀末の推古《すいこ》朝以降、しばしば宮都が置かれた飛鳥《あすか》の地を横断する古道の山田道《やまだ》は、今もその道筋が残されているが、この道を飛鳥資料館の所在するあたりからしばらく東へ進むと、右手に緑のまぶしい草原があらわれる。

いまは原っぱに建物の基壇や礎石が残る程度で、訪れる者にうら寂しさを抱かせるが、ここにはかつて、飛鳥時代を代表する寺院のひとつ、山田寺《やまだでら》の伽藍《がらん》が広がっていた。

蘇我氏系図①

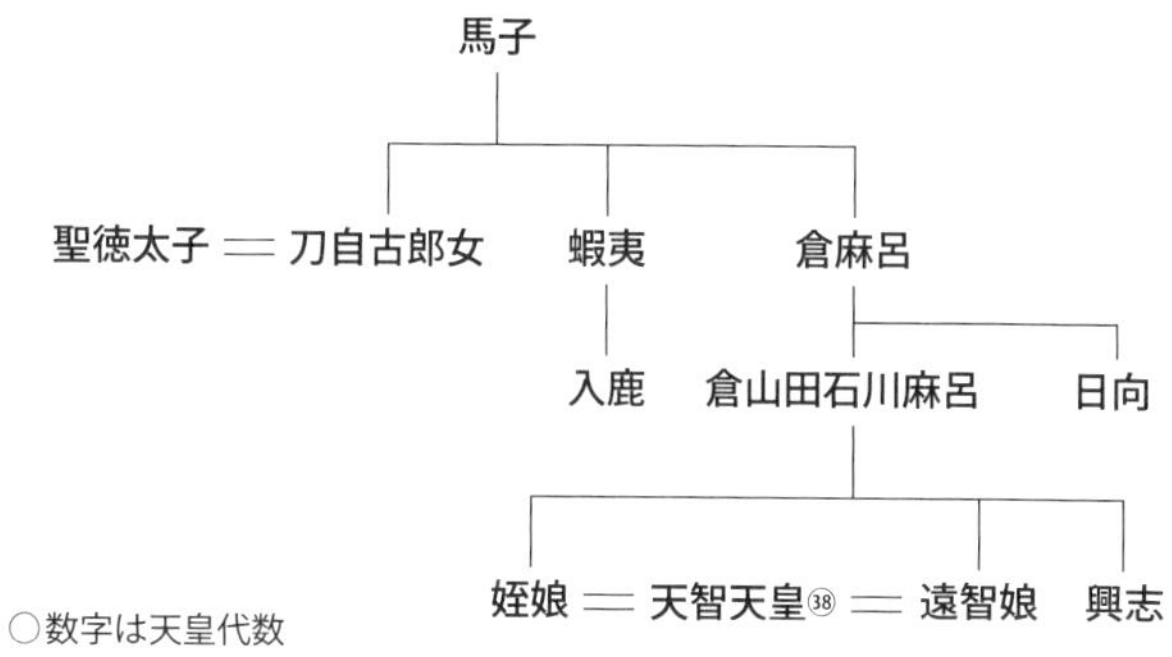

この寺跡は寂しさのみならず、どこか虚しさをも漂わせているが、それはおそらくこの地が、大化改新《たいかのかいしん》の功臣のひとりで右大臣であった、蘇《そ》我倉山田石川麻呂《がのくらのやまだのいしかわまろ》の非業《ひごう》の死と深く結びついているからだろう。

七世紀前半に活躍した蘇我倉山田石川麻呂は、「蘇我倉山田石川」までが氏称、麻呂が名と考えられ、氏に含まれている「山田」は、彼が山田道沿いの地に邸をかまえたことによるらしい。『日本書紀』では蘇我倉山田麻呂、倉山田臣《おみ》、蘇我山田臣などとも呼ばれているが、以下では「石川麻呂」と略記することにしたい。

石川麻呂は、有力豪族蘇我《そが》氏の黄金期を築いた蘇我馬子《うまこ》の孫にあたるが、父は馬子の嫡子蝦夷《えみし》ではなく、その弟の倉麻呂《くらまろ》で、彼が蘇我一族であることは間違いないが、本家（本宗家《ほんそうけ》）ではなく、分家の生まれということになる。

したがって、本来であれば、分家筋の石川麻呂が中央政界で華々しく活躍することはなかったかもしれない。

ところが、皇極《こうぎょく》天皇四年（六四五）六月十二日に起きた「乙巳《いっし》の変」で事態は一変した。

専横をきわめる蘇我氏本宗家の蝦夷とその嫡子入鹿《いるか》が、中大兄皇子《なかのおおえのみこ》（のちの天智《てんじ》天皇）と側近の中臣鎌足《なかとみのかまたり》を首謀者とするクーデターによって葬り去られたからだ。これによって蘇我氏本宗家は朝廷から排除され、皇極天皇は弟の孝徳《こうとく》天皇に譲位し、孝徳と皇太子となった中大兄を中心とする、新たな政権が誕生したのだが、このとき、石川麻呂は新設されたポストである右大臣に抜擢され、金泥で書かれた策書《さくしょ》（辞令）を賜っている。

そしてほどなく「大化」の元号が建てられ（日本の元号の初例）、都が飛鳥から難波《なにわ》へ遷り、大化改新をはじめとするさまざまな政治改革がはじまってゆく。

そもそもこの政変には石川麻呂本人も深く関与していた。彼は中大兄と鎌足にオルグされて蘇我氏本宗家抹殺の謀議に加わり、「乙巳の変」では入鹿暗殺の場面に立ち会っている。有力豪族蘇我氏といえども、非主流派に属していた石川麻呂は、本宗家の栄華を妬ましく思っていたのだろう。

蘇我氏は乙巳の変によって一気に没落したととられがちだが、じつは没落したのはあくまで蘇我氏本宗家にかぎってのことである。変後も、石川麻呂が示しているように、蘇我氏は勢力を保っている。

乙巳の変とは、見方を変えれば、蘇我氏の傍系が本宗家を打ち負かした、同族内のクーデターだった。そして乙巳の変後、蘇我氏のニューリーダーの地位に就いたのが、石川麻呂だったのである。

しかも石川麻呂の二人の娘、遠智娘《おちのいらつめ》と姪娘《めいのいらつめ》は皇太子中大兄に嫁している。乙巳の変をへて、石川麻呂の将来は俄然、輝きはじめた。

山田寺で自死した石川麻呂とその一族

そんな石川麻呂が氏寺として築いたのが、山田寺だった。

山田寺の造立については『日本書紀』よりも『上宮聖徳法王帝説《じょうぐうしょうとくほうおうていせつ》』が詳しく記し

ている。

『上宮聖徳法王帝説』は聖徳太子（厩戸皇子《うまやとのみこ》）についての現存最古の伝記だが、その「裏書」に山田寺に関する記述が、「ある古記からの引用」というかたちで残されている。山田寺の造立に聖徳太子は直接は関与していないが、聖徳太子による仏法興隆の事例として補記されたものらしく、「裏書」の成立時期は平安時代前期〜中期と考えられている。

その『上宮聖徳法王帝説』「裏書」によると、山田寺は法号を浄土寺といい、舒明《じょめい》天皇十三年（六四一）に寺地の整備がはじまり、皇極天皇二年（六四三）に金堂《こんどう》が着工され、大化四年（六四八）にはじめて僧侶が住したという。このとき、石川麻呂は右大臣として権勢を誇っており、ゆくゆくは本尊が安置され、壮麗な伽藍が完成をみるはずだった。

ところが、翌年、悲劇が石川麻呂を襲う。

『日本書紀』によると、大化五年三月二十四日、中大兄皇子のもとに「石川麻呂が皇太子（中大兄皇子）の暗殺を企んでいます。遠からず謀反を起こすでしょう」という讒言《ざんげん》があった。讒言の主は、石川麻呂の異母弟蘇我日向《ひむか》である。

中大兄皇子はこの言葉を信じた。中大兄からその報を受けた孝徳天皇は難波の石川麻呂邸に使いを送り、謀反の虚実を問いただしたが、石川麻呂は「天皇の御前で直接申し述べます」と言うだけで、明答を避けた。

すると、天皇は軍兵を起こして石川麻呂邸に向かわせた。

石川麻呂は二人の息子を連れて難波から逃げ、茅渟道《ちぬのみち》を通って飛鳥の山田寺に入った。山田寺は金堂はできていたが、まだ造営途中で、長子の興志《こごし》がその任にあたっていた。興志は父を迎えると、天皇の軍勢を迎撃することを主張したが、石川麻呂はそれを許さなかった。

そして翌二十五日には、興志だけでなく、寺の僧たちも集めて、こう説いた。

「人臣がどうして君に謀反を企てることができよう。この寺は自分のためでなく、天皇のためにと誓願して造ったものだ。私は不当に誅殺されるかもしれないが、黄泉国《よみのくに》へは天皇への忠心を抱いたまま向かいたい。寺にやって来たのは、終焉の時を安らかに迎えたいからだ」

言い終わると、石川麻呂は金堂の戸を開き、「幾度生まれ変わっても、君王《きみ》を怨むまじ」と誓い、首をくくって死んだ。妻子ら八人もこれを追った。

その日、追討軍の将軍として日向が大和に向かっていたが、石川麻呂自害の報を聞くと引き返した。

しかし、翌日には山田寺を追討軍の兵士が囲み、石川麻呂の屍は首を斬られ、からだを切り刻まれた。さらに連座して十四人が殺され、九人が絞刑に処せられ、また十五人が流刑となった。

石川麻呂敗死後も造営が続けられた山田寺

はたして、石川麻呂はほんとうに謀反を企てていたのだろうか。

『日本書紀』の書きぶりは、日向を石川麻呂を追い落とそうとした怪しげな人物に匂わせていて、中大兄皇子が石川麻呂の遺品に「これは皇太子のもの」と記されていたものがあったことを知って彼の身の潔白に気づいて深く後悔し、日向を九州に左遷する、という後日譚も記されている。

だが、問いただされた石川麻呂本人が謀反の意図をはっきりとは否定しなかったのも事実である。石川麻呂は中大兄皇子に対して、やはり何か含むところがあったのかもしれない。

そして、石川麻呂とその一族という造営主をいっぺんに失ったわけだから、ふつうに考えれば、山田寺の造営はここで頓挫し、そのまま放置されるはずである。

ところが、そうはならなかった。

前出の『上宮聖徳法王帝説』によれば、天智天皇二年（六六三）に仏塔が着工され、天武《てんむ》天皇二年（六七三）に仏塔の心柱《しんばしら》が建てられて仏舎利《ぶっしゃり》を納めた容器が埋納され、同五年四月八日には仏塔が完成。さらに同七年には「丈六《じょうろく》仏の像」が鋳造され、同十四年（六八五）には完成して三月二十五日に開《かい》眼《げん》供養《くよう》が行われた。『日本書紀』によれば、同年

山田寺跡　石川麻呂自害の後に完成するも、中世以降は衰微した

八月には天武天皇が山田寺に行幸している。

つまり、石川麻呂家滅亡後も山田寺の造営は続けられ、事件から三十六年後にようやく本尊が開眼され、完成に至ったということになる。

では、いったい誰が造営事業を行ったのか。

史料はそのことを明記していないが、天武天皇が行幸していることからすれば、おそらくは、つぎのような経緯になるのではないか。

石川麻呂はやはり無実であった。冤罪をかぶせたことを悔やみ続けた中大兄皇子すなわち天智天皇は、石川麻呂の遺志を汲んで山田寺造営の事業を再開させ、さらにそれがつぎの天武天皇に引き継がれた——。そこには、非命を遂げた石川麻呂を鎮魂するという意味もこめられていたのかもしれない。

ちなみに、開眼供養が行われた三月二十五日は石川麻呂の命日であった。

興福寺に持ち去られた本尊

完成した山田寺の伽藍はどのような姿をしていたのだろうか。

昭和五十一年（一九七六）以降の発掘調査により、山田寺の寺域は東西一一八メートル、南北一八五メートルと推定され、南門・中門・塔・金堂・講堂が南北一直線に並ぶ伽藍配置であったことが確認された。四天王寺式に似るが、ただし、回廊が塔と金堂を囲み、講堂が回廊の外に置かれたという点は独特のものだった。また、塔は五重塔で、塔内には金箔を塗った小さな塼仏《せんぶつ》（粘土を焼いて造られた浮彫の仏像）がいくつも張りめぐらされていたらしい。

その伽藍は、当時の飛鳥の寺院を代表する威容であったはずで、文武《もんむ》天皇三年（六九九）には寺封《じふ》（寺院への俸禄としての人民）として朝廷から三百戸《こ》が施入されている。この数字は当初の法隆寺の寺封と同じである。

平安時代の治安《じあん》三年（一〇二三）には高野山参詣の帰途に藤原道長が立ち寄っているが、そのとき堂内は「奇偉荘厳」で、道長はいたく感銘を受けたという（『扶桑略《ふそうりゃっ》記《き》』）。この時点では山田寺はまだ壮麗な伽藍を保っていたようだ。

ところが、文治《ぶんじ》三年（一一八七）、興福寺《こうふくじ》の堂衆《どうしゅ》（僧兵）が山田寺に押し寄せ、金銅丈六の薬師如来《やくしにょらい》三尊像を奪い取り、興福寺東金堂《とうこんどう》の本尊としてしまったという。この時期の公卿で、関白も務めた九条兼実《くじょうかねざね》の日記『玉葉《ぎょくよう》』に記されていることだ。

興福寺は平氏による南都焼き討ち（一一八〇年）で建物のほとんどを焼亡していた

が、文治二年までには東金堂は再建されていた。興福寺は藤原氏の氏寺であったが、財力にも限界があり、復興された東金堂の本尊は新造せず、付近に適当な仏像があったので奪取して調達したということだったのか。背景には興福寺の僧兵の強大化もあったようだ。

奪われた丈六薬師像は、山田寺の講堂に安置されていたもので、天武天皇十四年に開眼された「丈六仏の像」（『上宮聖徳法王帝説』）と同じものと従来みられてきたが、近年、異論も出されている。美術史学者の原浩史氏によれば、天武天皇十四年の丈六仏は釈迦《しゃか》如来像で当初は金堂に置かれたのであり、興福寺に奪取されたのもじつはこの釈迦像と考えられるという（「興福寺蔵旧山田寺仏頭再考」、『仏教藝術』三二二号所収）。釈迦像がある時期から薬師如来像と誤認されてしまったということなのだろう。『上宮聖徳法王帝説』には「丈六仏の像」とのみあって肝心の尊名が記されていないことが混乱の原因となっているわけだが、七世紀において「丈六仏」といえば丈六の釈迦如来像をさすのが通念だったということらしい。

五百年の歳月をへて再び見つかった仏頭

さて、その後、山田寺は荒廃が進み、十二世紀末までには火災にあって堂塔は焼けてしまったらしい。遺跡も徐々に土と草に呑み込まれ、いつしか境内は草原が広がるだけの光景となっていった。

一方の興福寺も、応永十八年（一四一一）には落雷により五重塔と東金堂が焼失してしまい、本尊の薬師像は溶解し、かろうじて頭部だけが残った。東金堂はその後再興されるが、さすがに頭部だけの仏像を本尊に据えるわけにはいかず、新たな本尊が置かれた台座の中に仏頭はとりあえず納められた。

すると、たちまちこの仏頭は人々の記憶から遠ざかってしまった。

仏頭が永い眠りから目を覚ましたのはそれから五百年もたった昭和十二年（一九三七）のことである。東金堂の修理が行われた際に台座の中からはしなくも「発見」され、再び人々の前に姿を現したのだった。

このような流転をへた山田寺の仏頭は、現在は興福寺の国宝館に安置されている。無惨で痛ましい姿ではあるが、その温和な表情で、山田寺を舞台とした悲劇と栄耀を詣でる人々に訥々《とつとつ》と語り掛けている。

コラム②　二つの高千穂《たかちほ》

記紀神話によれば、天照大神《あまてらすおおみかみ》の孫にあたる瓊瓊杵尊《ににぎのみこと》は、多くの伴をしたがえて高天《たかまの》原《はら》から九州の「高千穂《たかちほ》」に降臨し、地上世界の統治者となる。いわゆる天孫降臨神話と呼ばれるもので、ニニギの子孫が天皇家へとつながってゆく。

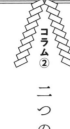

天孫降臨の聖地である高千穂の比定地については、宮崎県北部の西臼杵《にしうすき》郡高千穂町と、宮崎県と鹿児島県との境に連なる霧島《きりしま》連山の高千穂峰《たかちほのみね》の二説があり、前者にはその古跡として高千穂神社があり、近くには、「天岩戸《あまのいわと》」と呼ばれる岩窟をご神体とし、ニニギが鎮祭したと伝えられる天岩戸神社もある。後者には霧島神宮が鎮座している。同じ南九州に属すとはいえ、両者のあいだには一〇〇キロほども距離があり、どちらが本家かをめぐっては江戸時代から議論がある。

ニニギ降臨地の正確な表記を記紀にみると、まず『古事記』では「竺紫《つくし》の日向《ひむか》の高千穂の久士布流多気《くじふるたけ》」となっている。「竺紫」は九州全般の古称、「日向」は日向《ひゅうが》国（宮崎県）に限定されず、南九州全般のことを指しているともいわれる。ちなみに、日向国は当初は薩摩《さつま》国（鹿児島県西部）・大隅《おおすみ》国（鹿児島県東部）の両国も含み、両国が分立したのは八世紀のはじめである。クジフルは、朝鮮半島の

高千穂神社　高千穂郷八十八社の総社であり、約1900年前の垂仁天皇の時代に創建されたと伝わる

亀旨峰《クシボン》と関連づける説もあるが、和語の「奇《くす》し」から派生した語とみるべきで、「不可思議な聖なる山」というニュアンスだろう。

一方、『日本書紀』の天孫降臨の場面（「神代下」第九段）をみると、本文（正文）では「日向の襲《そ》の高千穂峰《たかちほのたけ》」となっている。一書《あるふみ》の第四、第六にも「日向の襲の高千穂」という表記がみられる。「襲」は律令制下では大隅国に属した曾於《そお》（贈於）郡のことをさしているとみられる。現在の鹿児島県霧島市にあたる一帯で、霧島連山も含まれる。

したがって、『古事記』の表記だけではなんともいえないが、『日本書紀』の表記に注目すると、高千穂＝霧島説がきわめて有利ということになる。

高千穂河原　中世には高千穂峰の入口に霧島神宮があったが、霧島山の噴火による焼失後の現在は古宮跡となっている

ところが、『日向国風土記《ひゅうがのくにふどき》』逸文《いつぶん》には、ニニギの降臨地を日向国臼杵郡知鋪《ちほ》郷とする記述がある。そこは現在の宮崎県西臼杵郡高千穂町にあたる場所である。『日向国風土記』の成立は記紀よりも後のことだが、「高千穂」を連想させる「チホ」という地名がこの地域に古くからあったことは確かで、そうなると、高千穂＝宮崎県北部説も捨てきれない。

もっとも、高千穂は「高く秀でた山」「豊かな稲穂の山」という意の普通名詞ととることもできる。「日向」も「太陽に向かう光明の地」と解することができる。「高千穂」とは、まずなによりも、太陽神の子孫が瑞穂《みずほ》の国の君主となるべく天降《あまくだ》る峰にふさわしい、神話的地名なのである。

第3章

飛鳥の古寺・廃寺の正体

日本最初の寺 豊《とゆ》浦《ら》寺《でら》

――蘇我氏対物部氏の崇仏・廃仏論争の真実

豊浦寺跡
奈良県高市郡明日香村
豊浦

『日本書紀』に記された欽明朝の仏教公伝

『日本書紀』は神話からはじまっているため、神々や神社にまつわる記述が多い。そのせいか、仏教とは関係が薄いというイメージをもっている人もいるかもしれない。

だが、そんなことはまったくない。第二十九代欽明《きんめい》天皇（六世紀なかば）の事績を記す第十九巻には、仏教が朝鮮半島の百済《くだら》から日本へはじめて正式に伝来した経緯、いわゆる「仏教公伝」のエピソードが詳しく記されている。そしてこれ以降は、最終巻の第三十巻にいたるまで、仏教や寺院に関する記事が頻出するようになる。『日本書紀』全体における最後から二番目の記事は持統《じとう》天皇十一年（六九七）七月二十九日条だが、それは藤原京にあった薬師寺の仏像の開眼会《かいげんえ》の記録である。

つまり、『日本書紀』は、日本の古代仏教や古代寺院に関する非常に貴重な記録ともなっている。このことは、『古事記』と比べた場合の、大きな特色のひとつでもある。

なにはともあれ、日本の古代仏教に関してまずおさえるべきは欽明朝の「仏教公伝」だろう。仏教公伝に関する最古の史料である『日本書紀』の欽明天皇十三年（五五二）十月条によりながら、そのあらましを追ってみたい。以下の〈〉内は『日本書紀』の記述の要約である。

〈百済の聖明王《せいめいおう》が、磯城島金刺宮《しきしまのかなさしのみや》（奈良県桜井市金屋）を宮都とした欽明天皇のもとに使者を遣わし、釈迦《しゃか》仏の金銅像一体、幡蓋《ばんがい》（幢幡《どうばん》と天蓋。仏像を荘厳《しょうごん》する具）、経《きょう》論《ろん》数巻を献上した。合わせて使者は「仏法は諸法のなかでももっともすぐれたもので、無限の幸福をもたらします」と仏教の功徳《くどく》を讃える文を上表し、日本での仏法流布を願った〉

仏教そのものは民間レベルではこれ以前にすでに日本へ伝来していたとみられている。四世紀後半には朝鮮半島に仏教は伝来しており、日本と半島のあいだにはつねに人やモノの往来があったので、それは当然だろう。

それでも欽明天皇十三年の仏教伝来が重視されるのは、このとき、百済王が外交使節を送り、「表」（公式な手紙）を添えて日本（倭国）という国家へ公式に仏教を伝えようとしたからである。「仏教公伝」といわれる所以《ゆえん》である。その背景には、朝鮮半島において百済・新羅《しらぎ》・高句麗《こうくり》三国が対立を深めるなか、百済が友好国である日本の支援を求めた、という国際情勢があった。

注目すべきは、このとき百済王が日本に贈ったのは仏像・仏具・仏典というモノであり、このなかに僧侶という人材、ソフトは含まれていなかったことである。

仏教を本当に伝えたいと思うのなら、まず何よりも布教を担う優秀な僧侶の派遣が優先されるはずだろう。しかし、百済王からの仏教公伝は、モノの贈呈という、多分に外交的意味合いをもつものであったのだ。

最初の仏像は蘇我氏に託された

欽明天皇十三年十月条の続きを見よう。

〈聖明王の使者の上表に対して、天皇は「これほどすばらしい法を聞いたことがない」と歓喜したが、「でも、私ひとりで決めるわけにはいかない」と慎重になり、「献上された仏像は、これまで見たことがないほど荘厳で美しいが、これを礼拝《らいはい》すべきか否か」と臣下に諮問した。

蘇我氏系図②

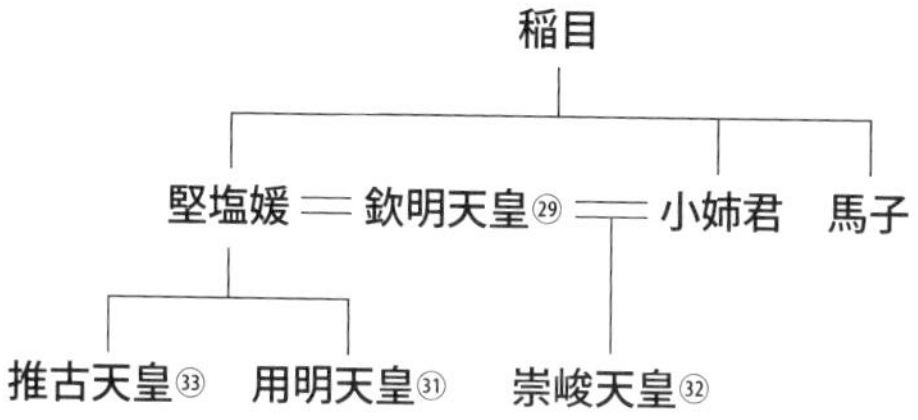

○数字は天皇代数

すると、大臣《おおおみ》の蘇我稲目《そがのいなめ》は「隣国はみなこぞって礼拝しています」と崇仏を主張した。

だが、大連《おおむらじ》の物部尾輿《もののべのおこし》と中臣鎌子《なかとみのかまこ》は、「わが国の天皇はいつも神々を祭祀してきました。今、蕃神《あだしくにのかみ》（他国の神）を礼拝すれば、国つ神の怒りを受けることでしょう」と反論して排仏を主張した。

迷った天皇は、試しに稲目に仏像を礼拝させることとした。

稲目は喜んでこれを引き受け、小墾田《おはりだ》（奈良県高市郡明日香村北部の豊浦《とようら》・雷《いかづち》一帯の地）の自邸に仏像を安置した。そしてひたすら仏道を修め、そのために向《むく》原《はら》にあった家を浄捨して寺とした〉

欽明天皇は、美しい仏像の献上を喜んだが、そのまま仏教を受け入れることには躊躇し、臣下にはかったところ、崇仏派と排仏派に意見がわかれたので、とりあえず崇仏派の蘇我稲目に仏像を託した。

蘇我氏はもともと渡来人との交流が多かったので（蘇我氏を渡来系氏族とする説すらある）、大陸・半島の先進文化に理解が深く、仏教に深い興味を寄せていたのかもしれない。それに対して、物部氏や中臣氏は神社や神祇祭祀と関わりの深い、保守的な豪族であった。

仏教受容をめぐる蘇我氏と物部氏の対立は、のちに大きな政治的抗争へ発展することになる。

蘇我氏とのつながりが濃い日本最初の寺・豊浦寺

ここで注目したいのは、仏像（仏）が当時の人々に「蕃神」すなわち「他国の神」としてとらえられていた点だろう。つまり、仏教は、仏像という異国の神を祀るシステムとして認識されていた。

そして、その仏像はまず飛鳥の小墾田にあった稲目の邸宅に祀られた。小墾田は飛鳥における蘇我氏の拠点であった。

その後、向原の稲目邸が施入されて寺になった。それは伽藍《がらん》堂塔をそなえた本格的寺院ではなく、私宅に仏堂をもうけたような簡素なものだったと考えられるが、仏像はそこに移されたのだろう。

豊浦寺跡　現在の向原寺周辺には豊浦寺の遺構が確認されている

「向原」が飛鳥のどこなのかは不詳だが、仏教公伝に関するもうひとつの重要な史料である『元興寺《がんごうじ》伽藍《がらん》縁起《えんぎ》幷《ならびに》流記資財《るきしざい》帳《ちょう》』という平安時代までに成立したと考えられる文献によると、この向原の寺は敏《び》達《だつ》朝に場所を移して桜井道場（桜井寺）となり、推古朝には豊浦《とゆら》寺へと発展した。また、豊浦寺は建興《けんこう》寺ともいい、推古天皇の豊浦宮《とゆらのみや》を改めたものだという。原史料の文意が明瞭さを欠くので判然としがたいのだが、つきつめると、向原寺の後身が豊浦寺ということになる。となると、向原寺＝豊浦寺は記念すべき日本最初の寺院ということになろうか。

そこは推古天皇の宮跡でもあったというが、推古天皇は稲目の娘堅塩媛《きたしひめ》と欽明天皇の娘であり、蘇我氏の血が濃い女帝でもあった。とにかく、黎明期の日本仏教が、蘇我氏と深い関わりのもとにあったことはたしかだ。

豊浦寺はその後、尼寺として一定の繁栄をみたようだが、九世紀後半ごろから荒廃が進み、やがてほぼ廃寺状態にいたってしまった。

現在、明日香村豊浦に向原寺《こうげん》という真宗寺院があり、飛鳥の豊浦寺の後身と称している。敷地周辺からは建物の遺構が発掘されており、原初の豊浦寺や豊浦宮の遺構ではないか、いや蘇我稲目邸の跡ではないか、などと議論されている。

『日本書紀』の仏教公伝記事は潤色が疑われている

欽明天皇十三年十月条にはまだ続きがある。

〈稲目が仏像を受けて礼拝するようになると、国に疫病が流行し、多くの人々が亡くなった。そこで尾輿と鎌子らは天皇に「これは仏教を受容したためです。一刻も早く仏像を棄て、幸福を願うべきです」と奏した。
天皇はこの意見を容れた。役人は仏像を難波《なにわ》の堀江に流し棄て、また寺に火をつけ、全焼させた〉

仏教公伝　百済から金銅の仏像と幡蓋（ばんがい）、経典が献上され、欽明天皇はとくに仏像の見事さに感銘した（西村中和画『聖徳太子伝図会』）

結局、仏教公伝後まもなく、排仏派の主張が通り、天皇の許可のものと、廃仏が断行されたのである。疫病の流行が在来の神々の怒りによるものと受け止められたのだろう（百済から使節とともに感染症のウイルス・細菌が持ち込まれてしまったのかもしれないが）。聖明王が献じた釈迦仏の金銅像は難波まで運ばれて廃棄され、寺は焼かれた。その「寺」とは旧稲目邸の向原寺のことであったのだろうか。

破仏後、奇妙なことに天皇の宮殿も焼けてしまうが、当時の人々はこれを、棄てられた仏が神としてなした祟りととらえたにちがいない。仏教公伝時の騒動は、在来の神と「仏」という新来の神が繰り広げた抗争でもあった。

もっとも、『日本書紀』の仏教公伝の記事には潤色があり、すべてそのまま史実としてとることはできないという見方も研究者のあいだでは根強く主張されている。

その根拠としては、おもにつぎの二つがある。

まずひとつは典拠の問題である。『日本書紀』が記す百済王の上表文には唐で七〇三年に漢訳された経典『金光明最勝王経《こんこうみょうさいしょうおうきょう》』の文言が用いられている。七〇三年は欽明朝から百年以上もあとである。仏典に通じた『日本書紀』編述者が同経を参照してこの上表文を述作したことは明らかだろう。中国の仏書を用いたとみられる表現は、公伝記事の他の箇所にも確認されている。

そもそも、『日本書紀』は仏教公伝の年を欽明天皇十三年（五五二）としているが、これについてもかねて疑義が出されている。百済の聖明王からの仏教公伝の年を欽明朝の戊午《ぼご》年つまり五三八年とする古文献が複数あるからである。

代表的なものは先にふれた『元興寺伽藍縁起幷流記資財帳』と、聖徳太子の伝記である『上宮聖徳法王帝説《じょうぐうしょうとくほうおうていせつ》』で、両書とも最終的な成立は平安時代だが、仏教伝来の記述はより古い共通の文献に依拠していると考えられている。

したがって、近年では、仏教公伝年を、『日本書紀』の五五二年ではなく、『元興寺伽藍縁起』ほかにみえる五三八年とする説が支持を集めつつあるのだ（『日本書紀』が仏教公伝年を五五二年としたのは、仏教ではこの年から末法《まっぽう》に入ると信じられていたことに関連すると考えられている）。

ただし、五三八年は『日本書紀』では欽明天皇の時代ではなく、その前の宣化《せんか》天皇（欽明の異母兄）の時代（宣化天皇三年）にあたっており、そのために「当時は朝廷が二つに分裂していたのではないか」などという見方が生じ、別のややこしい論争を引き起こしてもいる。

ともあれ、欽明天皇の治世に仏教が百済から公伝したこと、それに蘇我氏が深く関与したことは、いずれの文献にも共通する内容である。

仏像を海に流したのは、神道の「祓」の思想だった

二つ目の根拠は、廃仏・破仏に対するとらえ方の問題である。

『日本書紀』は物部氏を強固な排仏派として描いているが、じつは崇仏派寄りだった

のではないかという見方もある。物部氏の本拠地にあった渋川廃寺《しぶかわ》（大阪府八尾市）は物部氏の氏寺《うじでら》だったと指摘されていて、物部氏が単純な仏教反対派だったとはいえない可能性が出てきたからだ。

また、『日本書紀』は廃仏の際に仏像が難波の堀江に流し棄てられたと記すが、神道学者の西田長男氏は、これを、罪穢れを移した人形《ひとがた》を川などに流す、神道の祓《はらえ》と結びつけて解釈している（『日本神道史研究　第三巻』）。寺を焼いたのも、正月のどんど焼や盆の送り火のように、神送りの祭儀としての火祭りととらえるべきだという。要するに、物部氏や中臣氏は、仏教を排斥したのではなく、蘇我氏が迎えた仏を、仏神として丁重に送り祓った、神送りしたという考えである。傾聴すべき見方だろう。

物部氏は六世紀のおわりごろには蘇我氏との抗争に敗れて没落するが、一方の蘇我氏は政権を完全に掌握し、天皇家をおびやかすほどに隆盛してゆく。あわせて、蘇我氏が積極的に受容した仏教も興隆してゆく。

このようなことを踏まえれば、『日本書紀』が描く「崇仏派蘇我氏VS.排仏派物部氏」という構図は、朝廷を二分した有力豪族間の権力闘争が後世「物部氏は仏敵だったために討伐された」という内容に訛伝《かでん》されたために――あるいは意図的に脚色され

流棄される仏像　物部尾輿は仏像の廃棄を奏上。仏像は難波の海に流棄され、伽藍には火をかけられた（西村中和画『聖徳太子伝図会』）

たために――生じたものなのではないか、とも考えられるわけである。

難波は大陸・半島からの人々が来往する国際港だったので、異国の神＝仏像を流して送り返すには、格好の土地であった。流棄の場所に大和の川ではなく、わざわざ難波の堀江が選ばれたのは、それなりの理由があってのことだろう。

日本仏教の起点となった金銅の釈迦仏は、故地に帰る日を夢想しながら、いまもどこかの海の奥底で深い眠りにふけっているのだろうか。

蘇我氏の栄光のシンボル

飛鳥寺《あすかでら》

——蘇我氏の興亡を見据えた飛鳥大仏

飛鳥寺（安居《あんご》院）
奈良県高市郡明日香村
飛鳥

物部氏討伐後に蘇我氏が建立した飛鳥寺

六世紀なかばまでに日本へ公伝した仏教は、『日本書紀』によれば、前節で記したように、物部《もののべ》氏や中臣《なかとみ》氏ら排仏派の抵抗もあっていったんは排斥されるが、完全な廃仏にまではいたらなかった。

蘇我稲目《そがのいなめ》の崇仏精神は、彼の嫡子で大臣《おおおみ》を世襲した馬子《うまこ》にしっかりと受け継がれた。

馬子は敏達《びだつ》天皇十三年（五八四）、百済《くだら》からもたらされた弥勒《みろく》石像を請い受け、自邸（正確な場所は不詳）の東方に仏殿を造営してそれを安置し、石川（奈良県橿原市石川町）の自宅にも仏殿をつくった。

さらに馬子は高句麗《こうくり》出身の還俗僧《げんぞくそう》恵便《えべん》を見つけ出し、彼を師として司馬達等《しまのたちと》の娘島《しま》（法名を善信尼《ぜんしんに》という）ら三人の女性を得度《とくど》させ（日本人としては最初の出家者）、彼女たちを招いて弥勒像を安置する仏殿で法会《ほうえ》を行った。このとき、仏舎利《ぶっしゃり》が出現するという霊験《れいげん》があらわれたという。

ところがその後、またも疫病が流行《はや》り、大連《おおむらじ》の物部守屋《もりや》（尾輿《おこし》の子）らがこれを崇仏のせいと奏上したため、敏達天皇は廃仏の詔《みことのり》を出し、ふたたび破仏がおこなわれた。

しかし、その後も馬子は崇仏を貫く。つぎの用明《ようめい》天皇は天皇としてははじめて仏教帰依《きえ》を公言するが、崇仏の是非をめぐって蘇我・物部の対立は深まり、天皇が崩御すると、両者は皇子たちも巻き込んでついに武力衝突にいたった。用明天皇二年（五八七）七月のことである。

結果は馬子側の大勝利で、守屋は殺され、物部氏はこれによって歴史の表舞台から去ることになった。

ところで、『日本書紀』によれば、馬子は守屋討伐の軍を起こした際、「諸天・大神《だいじん》王《おう》（仏法の守護神）たちよ、もし勝利を与えてくれるなら、寺塔を建て、三宝《さんぽう》を広めましょう」と誓願をたてたという。

そして戦勝の翌年、誓願を果たすために、馬子は寺院の造営に取り掛かった。それが、日本初の本格的寺院となった飛鳥寺《あすかでら》（法興寺《ほうこうじ》とも称する）であった。

『日本書紀』に克明に記された飛鳥寺の建立過程

『日本書紀』は飛鳥寺の建立史を細かく記録しているので、それをたどってみよう（以下、〈 〉内は『日本書紀』の記事の要約）。

〈崇峻《すしゅん》天皇元年（五八八）、百済から使者と僧が遣わされ、仏舎利が献上された。あわせて、寺工、鑪盤博士《ろばんはかせ》（塔の露盤などをつくる技術者）、瓦博士、画工らが渡来した。蘇我馬子は百済僧らを招いて受戒の法について尋ね、仏法を学ばせるために善信尼らを百済に遣わした。

また、飛鳥衣縫《あすかのきぬぬい》の祖・樹葉《このは》の家を壊して法興寺（飛鳥寺）を創建することとし、その地を飛鳥真神原《あすかのまかみのはら》となづけた〉

百済からの仏舎利や寺院造営の技術者は、本格的寺院をつくろうとした朝廷側（とくに馬子）の要請にもとづくものだったのだろう。

また仏教では、正式な僧侶になるためには、戒律を護持することを誓願する儀式（受戒）を行わなければならない。そのことを知っていた馬子は、当時の日本にはまだ充分に伝わっていなかった戒律を善信尼たちに学ばせようとして、百済に派遣したのだろう。言い換えれば、正式な僧侶を日本で育成し、日本に本物の仏教を根づかせたいという馬子の熱意、本気度のあらわれであろう。

善信尼たちは二年後に百済から帰国し、桜井寺（豊浦寺《とゆらでら》の前身か）に住している。

さらに馬子は飛鳥地方のほぼ中心に位置する真神原を寺地として選定したが、その一帯は蘇我氏の地盤でもあった。

〈崇峻天皇五年十月、飛鳥寺の仏堂と歩廊が起工された。

推古天皇元年（五九三）正月十五日、仏舎利を飛鳥寺仏塔の心礎の中に納め、翌日仏塔の心柱を建てた〉

飛鳥寺・西門跡　発掘により西門は正門である南門よりも大きく、壮大な門であったことが確認されている

仏塔（ストゥーパ）は元来は仏舎利や釈迦の遺品を奉安するために建造されるものだが、朝鮮半島の古代寺院では地下に置かれた塔の心礎に穴などをつくり、仏舎利の入った容器をそこに埋納する方式が一般的だった。飛鳥寺もそれに倣ったのだろう。

〈推古天皇四年（五九六）十一月、法興寺の造営が終わり、馬子の息子善徳《ぜんとこ》が寺司《てらのつかさ》となり、前年に来朝していた高句麗僧慧慈《えじ》、百済僧慧聡《えそう》が住みはじめた〉

馬子は、いつのまにか自分の息子を出家させていたようである。善徳は馬子の長子とされているので、これも馬子の本気度のあらわれだろう。

高句麗僧の慧慈は、厩戸皇子《うまやとのみこ》（聖徳太子）の仏教の師、飛鳥仏教の指導者として歴史に名を残している人物である。

〈推古天皇十三年四月一日、天皇は皇太子（聖徳太子）、馬子と、諸王・諸臣に詔《みことのり》して、彼らとともに丈六《じょうろく》の銅仏と繡仏《しゅうぶつ》（布に刺繡で表した仏像）を一体ずつつくることを誓願し、鞍作鳥《くらつくりのとり》（司馬達等の孫。善信尼の甥）を造仏の工匠に任じた。同十四年四月八日、銅仏・繡仏が完成し、飛鳥寺の金堂《こんどう》に安置された〉

寺地の選定から十八年をへて本尊が安置され、ようやく飛鳥寺は完成をみたのである（ただし、飛鳥寺に関するもうひとつの史料である『元興寺《がんこうじ》伽藍縁起《がらんえんぎ》幷《ならびに》流記資財帳《るきしざいちょう》』

は、本尊の安置を推古天皇十七年、つまり西暦六〇九年としている)。

伽藍堂塔の造営は古墳造営の延長線上だったのか

飛鳥寺については昭和三十年代以降に発掘調査が行われ、その結果、創建時には中央の仏塔を囲むように中金堂・東金堂・西金堂が甍を並べ、これらを回廊が囲み、その回廊の北方に講堂が建つという壮大な伽藍であったことが判明した。一塔三金堂形式の伽藍配置は高句麗の清岩《せいがん》里《り》廃寺（平壌《ピョンヤン》）との類似性が指摘されている。造寺に際し、高句麗僧慧慈の進言があったのだろうか。

飛鳥寺創建時伽藍配置図

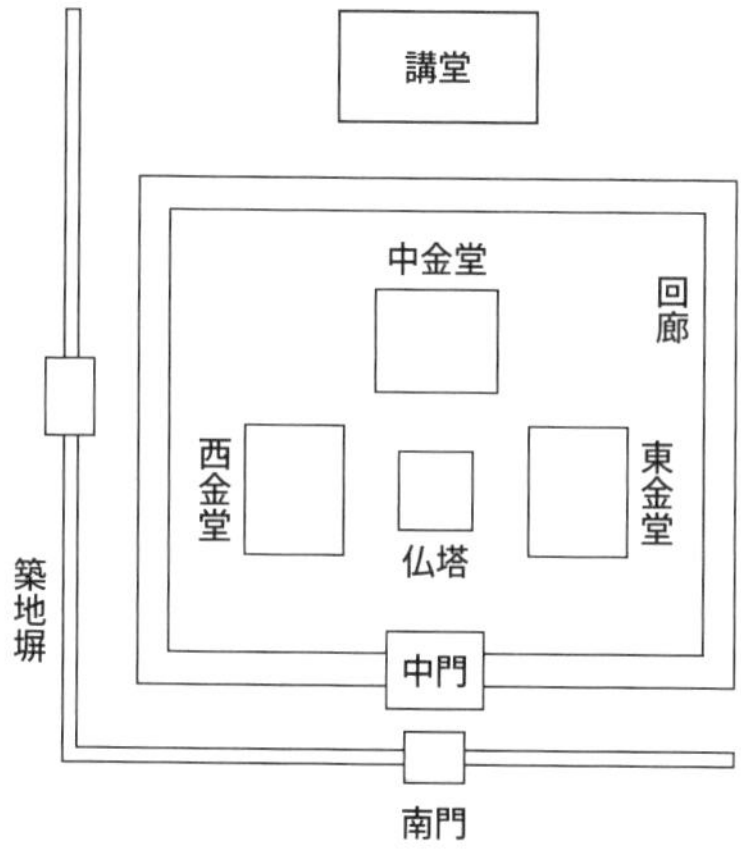

掘立柱の建物ではなく、瓦を葺いた礎石立ちの堂塔、朱塗りの柱と緑の連《れん》子《じ》。そして、金銅の仏像に梵語で唱えられる陀羅尼《だらに》、焚かれる香煙、剃髪し

た異装の僧尼……。日本初の、伽藍堂塔をそなえた本格的寺院として造営された飛鳥寺は、当時の人びとにとっては先進文化とエキゾチシズムの集積であり、強烈な印象を与えたことだろう。

ところが、興味深いことに、舎利容器が納められていた飛鳥寺の塔心礎からは、勾《まが》玉《たま》・管玉《くだたま》・馬鈴・馬具などが発見されている。これらは六世紀ごろの後期古墳の副葬品と同じである。つまり、飛鳥寺の造営は在来の祖先崇拝にもとづく大王家・有力豪族の古墳造営の延長線上にあったと考えることもできるわけで、そこに仏教に対する当時の日本人の受け止め方・考え方を垣間見ることができる。

蘇我氏滅亡後は国家的な法会が行われる官寺となる

『日本書紀』によれば、飛鳥寺に納められた仏舎利はもともと百済から天皇に献じられたものであり、本尊は天皇が造立させたものなので、飛鳥寺の創建者・開基を天皇と考えることもできる。

だが、物部との戦いで馬子が寺院創建の請願を仏尊に立てたという話は伝説色が濃いものの、早くから仏教に帰依した蘇我氏がいなければ飛鳥寺は誕生しえず、この寺が蘇我氏の氏寺《うじでら》としての性格もそなえていたことは間違いない。飛鳥寺は、天皇家の外戚であり、朝政の実権を握っていた蘇我氏の権勢を象徴する、巨大な記念碑だった。だがその蘇我氏も、中大兄皇子《なかのおおえのみこ》（のちの天智《てんじ》天皇）と中臣鎌足《なかとみのかまたり》が中心となって起こしたクーデター、乙巳《いっし》の変（六四五年）によってあえなく政権の座を追われ、稲目、馬子直系の蘇我氏本宗家は滅亡の憂き目をみる。

皮肉なことに、蘇我氏の専横を憂う中大兄皇子と中臣鎌足が最初に出会ったのは、飛鳥寺の槻《つき》の木の下で打毬《ちょうきゅう》（打杖で毬《まり》を打って争う競技）が行われたときのことであり、乙巳の変では飛鳥寺は中大兄皇子に占拠されて反蘇我軍の戦陣となっている。

その後、飛鳥寺は事実上、官寺となり、国家的な法会が行われるようになった。平城遷都にともなって平城京に移され、寺号も元興寺と変わったが、飛鳥の旧寺も本元興寺として残った。

だが、本元興寺は鎌倉時代に落雷で塔を焼失したころから衰退の道をたどった。跡地にある現在の飛鳥寺（安居院《あんごいん》）はその後身で、本堂のみの小寺にすぎない。しかし、本尊の飛鳥大仏（銅造釈迦如来坐像）は、部分的に後世の補修を受けているもののの、創建時の本尊すなわち鞍作鳥作の丈六銅仏であるという。

斑鳩に出現した日本的仏教の原点
法《ほう》隆《りゅう》寺《じ》
――本当に聖徳太子が建てたのか

法隆寺
奈良県生駒郡斑鳩町
法隆寺山内

『日本書紀』には創建年は記されていない

「奈良の古寺」ときいて、まず誰もがその名を思い浮かべるのが、聖徳太子ゆかりの法隆寺《ほうりゅうじ》ではないだろうか。

だが、その知名度に反して、法隆寺はその成立をめぐって多くの謎を秘めている。『日本書紀』や寺に残る金石文《きんせきぶん》（仏像の光背などに刻された文章）などに手掛かりとなる記述がいくつも残されていながら、創建年代すらはっきりとはわかっていないのだ。

もちろん、法隆寺そのものはいまも斑鳩《いかるが》の里にしかと存在しているが、その伽藍《がらん》が創建当時のものではないことは、明治時代以降の幾多の論争の末に現在ではほぼ確証されている。つまり、現在私たちが見ることのできる法隆寺は聖徳太子没後に再建されたものなのだが、その再建年次もまた、天智《てんじ》天皇九年（六七〇）以後とするほかは、あまり明確にされていない。

『日本書紀』における法隆寺の初出は、推古《すいこ》天皇十四年（六〇六）是歳《ぜさい》条である。

この年、『法華経《ほけきょう》』を推古天皇の前で講じた聖徳太子は、天皇から播磨国《はりまのくに》の水田百町を与えられ、その土地を斑鳩寺《いかるがでら》への布施として納めた。「斑鳩寺」とは、斑鳩の里に建てられた法隆寺の別名である。ちなみに、『日本書紀』には「聖徳太子」という表記はなく、厩戸皇子《うまやとのみこ》とか、たんに皇太子などと記されているが、以下ではわかりやすくするために聖徳太子で統一する。

聖徳太子像　幼少より仏法を尊んだとされる（菊池容斎『前賢故実』）

この前年に聖徳太子は飛鳥から斑鳩宮《いかるがのみや》に居を移している。斑鳩は推古天皇が宮居《みやい》する飛鳥から北西に二〇キロほどもはなれた地だが、聖徳太子はそこに自分の宮を造営したのだ。そしてその宮のそばに法隆寺が建っていたわけである。仏教を尊んだ聖徳太子の創建にかかる寺院とみるべきだろうが、『日本書紀』はだれが建てたかについては沈黙している。

結局、『日本書紀』は法隆寺の創建年を記していないが、推古天皇十四年是歳条の記述を信用するならば、遅くともこの年までに法隆寺は甍《いらか》をそびえさせていたことになる。

だが、この『日本書紀』の記述に対しては、「法隆寺が播磨国にもっていた土地を聖徳太子に結びつけるために後世に作られた説話ではないか」とする見方もあって（直木孝次郎）、信用度はあまり高くない。

聖徳太子没後の創建とする金堂本尊の光背銘文

法隆寺の創建に関するもうひとつ重要な史料は、金堂《こんどう》本尊の釈迦《しゃか》三尊像の光背に彫られた銘文である。

これによると、推古天皇二十九年（六二一）に聖徳太子の母が没し、翌年正月、太子とその后（膳菩岐々美郎女《かしわでのほききみのいらつめ》）が病に伏した。そこで太子妃や皇子たちが、病気平癒と浄土往生を願って釈迦像の造立を発願したが、二月には后も太子も相次いで世を去ってしまった。その翌年三月、止利仏師《とりぶっし》（鞍作鳥《くらつくりのとり》）の手によって釈迦像は完成したという。

この銘文を信用し、さらに完成した釈迦像がほどなく法隆寺に本尊として安置されたとすれば、法隆寺の最終的な完成は推古天皇三十一年（六二三）ということになり、しかもそれは聖徳太子の没後ということになる。

法隆寺には重要な金石文として、もうひとつ金堂に安置されている薬師《やくし》如来《にょらい》像の光背銘文があり、そこには、「用明《ようめい》天皇（聖徳太子の父）の遺願により、推古天皇と聖徳太子が推古天皇十五年（六〇七）に寺と薬師像をつくった」ということが書かれている。つまり六〇七年に法隆寺が創建されたとあるわけだが、この銘文については書風・文体・語句などの面から後世に造作された疑いがもたれており、信憑性は低い。

このようなわけで、意外にも、文献史料からだけでは、法隆寺の創建年や聖徳太子との関わりを明確にすることはむずかしいのである。

六七〇年に火災で伽藍が焼失

つぎに法隆寺が『日本書紀』の中に登場するのは、皇極《こうぎょく》天皇二年（六四三）十一月一日条である。

このとき、斑鳩宮にいた聖徳太子の遺児山背大兄王《やましろのおおえのみこ》とその一族は、蘇我入鹿《そがのいるか》が派遣した軍に不意討ちを受け、宮を脱出するが、蘇我軍は宮に火を放つ。追いつめられた山背大兄王たちは斑鳩寺に逃げ込むが、ここも兵に包囲され、山背大兄王は一族とともに自死する。

山背大兄王は皇位争いに敗れ、聖徳太子一族は無惨にも滅んでしまったわけだが、この記事からは、この年までは斑鳩宮と法隆寺が併存していたことが少なくとも読み取ることができる。

天智朝に入ると、さらに衝撃的な記事があらわれる。

「夜半之後《あかつき》に、法隆寺に災《ひつ》けり。一屋《ひとつのいえ》も余《のこ》ること無し。大雨《ひさめ》ふり雷《いかづち》震《な》る」（天智天皇九年四月三十日条）

天智天皇九年（六七〇）、夜明けに法隆寺で火災が起こり、伽藍が全焼してしまっ

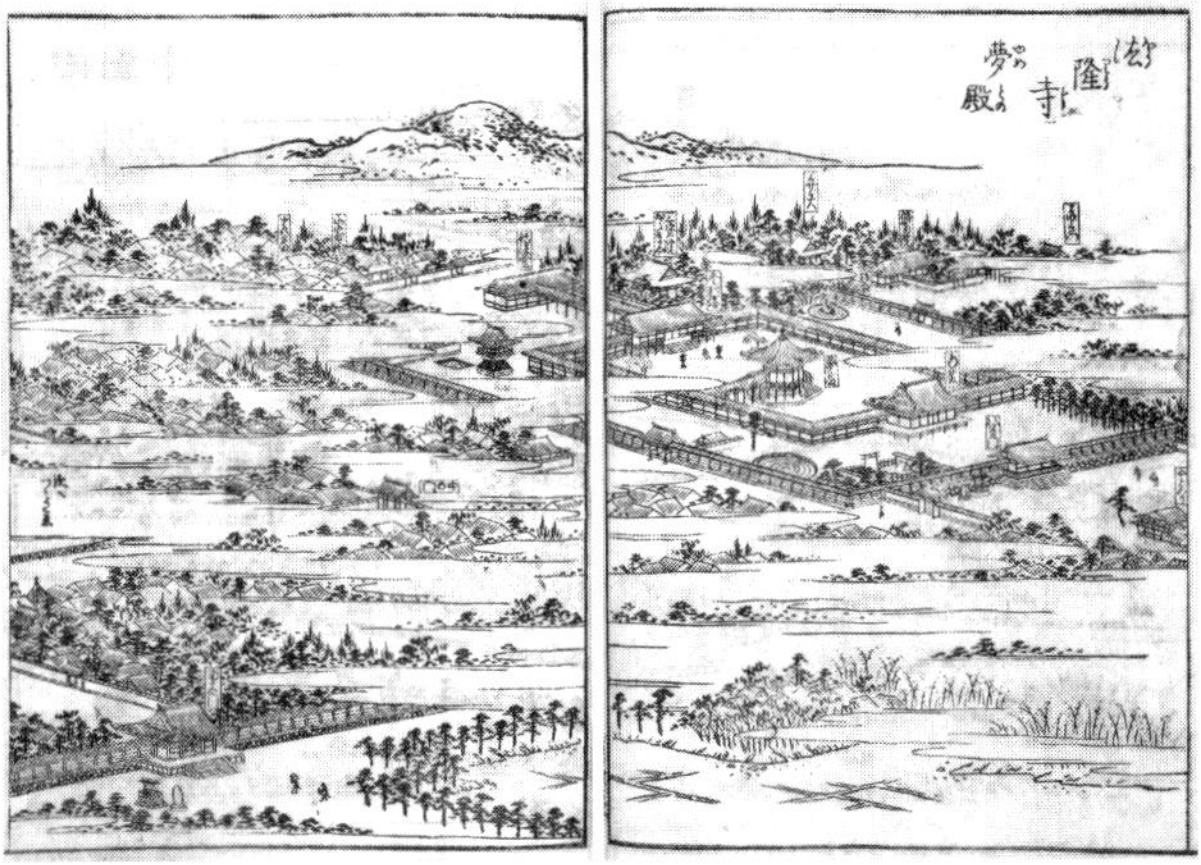

法隆寺・東院　東院伽藍の本堂は8世紀末ごろから夢殿と呼ばれるようになった（竹原春朝斎画『大和名所図会』）

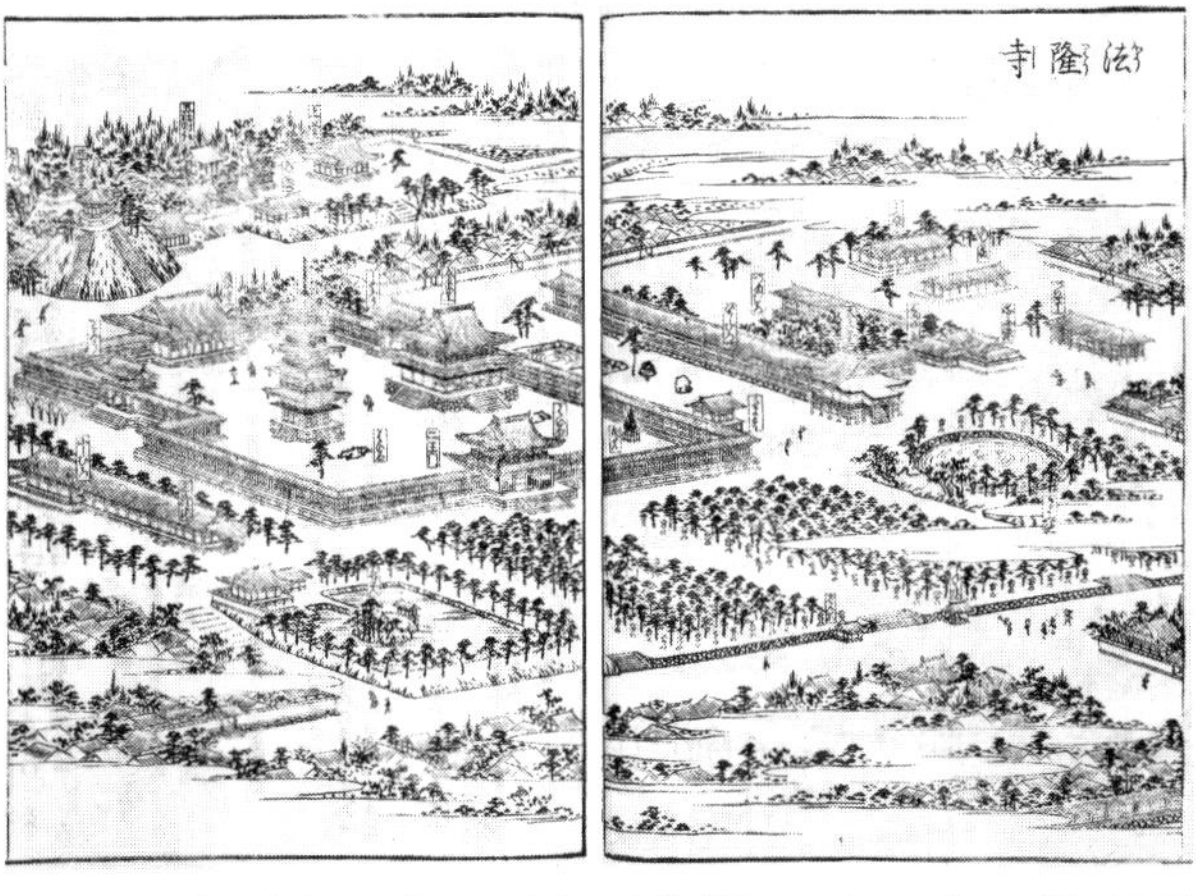

法隆寺・西院　金堂は現存する最古の木造建築のひとつである（竹原春朝斎画『大和名所図会』）

たというのである。奇妙にも、『日本書紀』は、この前年の冬にも法隆寺が火災に遭ったことを記している。

これ以降、『日本書紀』には法隆寺の名があらわれなくなり、その再建をにおわせる記事もみられない。

昭和の発掘調査により八世紀初頭の再建説がほぼ確定

こうした記述の不分明さから、法隆寺をめぐっては、六七〇年以後に再建されたとする説と、『日本書紀』の六七〇年全焼記事はなにかの間違いで、推古朝創建時のままだとする非再建説が明治以降、論争を繰り広げてきた。

だが、昭和十四年（一九三九）から行われるようになった発掘調査によって、この論争には終止符がうたれることになった。

現存する法隆寺は、金堂、五重塔などを擁する西院《さいいん》と、天平十一年（七三九）に建立された夢殿《ゆめどの》を中心とする東院《とういん》の二区画に分けられるが、発掘調査の結果、西院境内の東南隅に、塔と金堂を南北に並べた四天王寺式伽藍配置の寺跡が確認された。この寺跡は、この場所に対する通称から「若草伽藍跡」と呼ばれる。

これだけなら、かつては本寺（西院）と若草寺の二寺が併存していたという可能性も考えられるわけだが、若草伽藍跡の中心線は西側に大きく傾いていて、西院伽藍の中心線とははずれている。もし両寺が併存していたなら、中心線の方位に差が生じるはずはない。

しかも、若草伽藍跡から出土した瓦は西院伽藍のものよりも古い。その瓦のなかには、火災に遭って焼けた痕跡が認められるものもあった。

こうしたことからすれば、まず推古朝に若草伽藍が建立され、それが焼亡したあとに、つまり六七〇年の焼失後に新たな伽藍（西院）つまり現法隆寺が建立された、という流れがおのずと導き出される。――考古

法隆寺再建時西院伽藍配置図

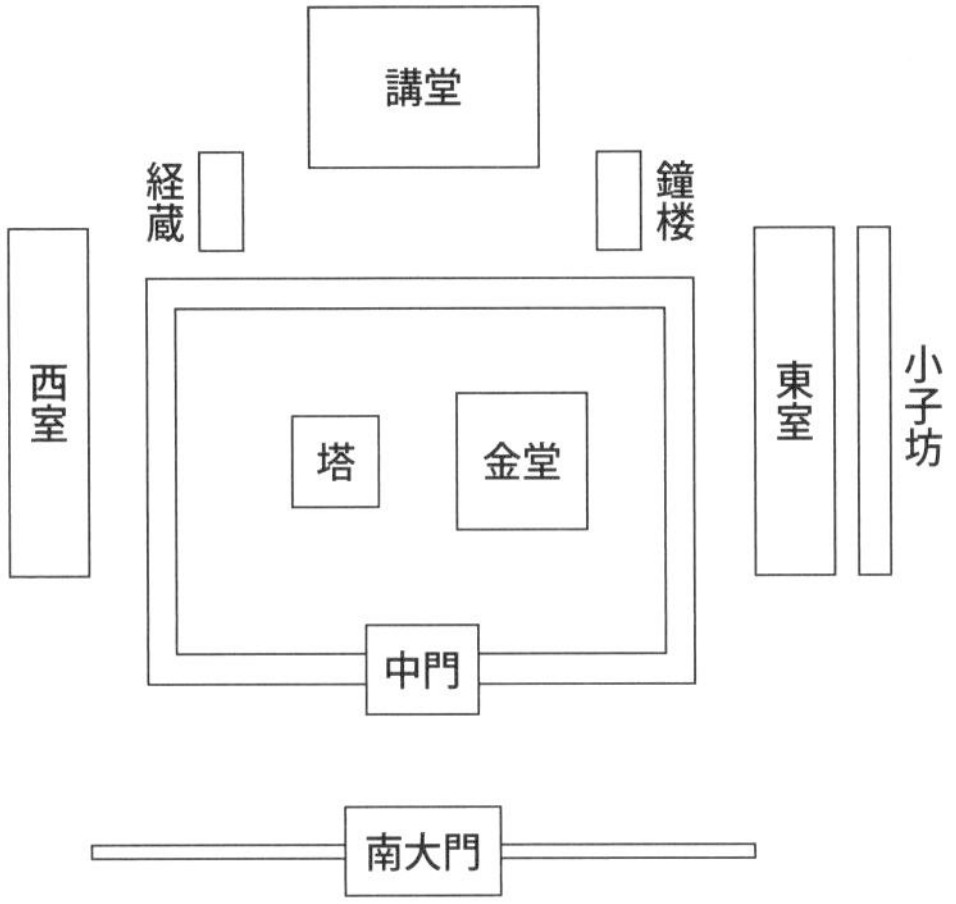

学的な発掘調査は、法隆寺再建説に軍配をあげるものであった。

そうなると現法隆寺の歴史がやや浅くなってしまうわけだが、焼失後まもなく再建がはじまり、遅くとも七〇〇年代のはじめごろまでにはおおよそ完成したという見方が現在では定説になっている（それを傍証する史料はある）。それから数えてもすでに千三百年ほどは経過しているわけで、法隆寺の西院伽藍が現存する木造建築物のなかで世界最古であることには変わりはない。

また、東院伽藍の敷地からは古い掘立柱《ほったてばしら》跡が検出されているが、これは斑鳩宮の遺構と考えられている。

聖徳太子の深い仏教理解を反映する法隆寺

聖徳太子は用明天皇の皇子であり、推古天皇の甥であったが、祖母は父方・母方いずれも蘇我馬子《そがのうまこ》の姉妹であり、また馬子の娘（刀自古郎女《とじこのいらつめ》）を妃とするなど、蘇我氏との関係が非常に深い。聖徳太子が仏教に深い理解を示したのは、仏教に帰依《きえ》した蘇我氏の影響も大いにあったことだろう。

法隆寺の創建もおそらくはその延長線上にあり、時代的にみて、法隆寺造営が馬子による飛鳥寺造営に刺激をうけたものであったことは充分考えられる。そして、焼失後に再建された法隆寺は、聖徳太子を追慕・追善する寺院としての性格をしだいに強めるようになったのだろう。

東院伽藍の夢殿の隣にある中宮寺《ちゅうぐうじ》に残されていた「天寿国繡帳《てんじゅこくしゅうちょう》」の銘文によると、聖徳太子は「世間は虚仮《こけ》、唯《ただ》仏のみ是真《これまこと》なり」と語ったという。

前節で記したように、馬子の飛鳥寺には祖先崇拝の痕跡がみられ、旧来の氏神《うじがみ》に照応する氏寺《うじでら》という性格もそなえていた。だが、「世間は虚仮、唯仏のみ是真なり」ということばは太子の仏教理解がそうしたレベルを超えて、高い境地に達していたことを示す。

聖徳太子の登場と法隆寺の誕生を機に、日本仏教はひとつ先のステージへと進んでいったのである。

消えた巨刹

大《だい》官《かん》大《だい》寺《じ》

――藤原京にそびえた九重塔の威容

大官大寺跡

奈良県高市郡明日香村
小山

藤原京の失われた巨大寺院

大和三山のひとつである天香久山《あまのかぐやま》の南麓、現在の地名でいうと奈良県高市郡明日香村小山のあたりは、田んぼと草地ばかりの鄙《ひな》びた光景が広がっているが、七世紀末の時代には藤原京の敷地であり、かつ「大官大寺《だいかんだいじ》」という寺号の巨刹《きょさつ》が建っていた。

寺跡を示す石柱が建つ場所には、かつて高さ一〇〇メートル近い九重塔が建ち、それを東西一四四メートル、南北一九五メートルの回廊が囲んでいたという。現在の日本でもっとも高い木造塔は京都・東寺の五重塔だが、高さは五五メートルほどしかない。また、七世紀の寺院を例にみると、飛鳥寺の回廊範囲はおよそ東西一一二メートル、南北九〇メートル、山田寺はおよそ東西八四メートル、南北八七メートルであったという。大官大寺がいかに巨大であったかがしのばれよう。

そしてその大官大寺は、勅願にもとづく藤原京の中枢寺院であり、まぎれもなく飛鳥最大の寺院であった。

もっとも、この寺は寺号や寺地に関して込み入った変遷をたどっているのだが、その基本史料となっているのは、『日本書紀』にあらわれる断片的な記録と、天平十九年（七四七）に大安寺《だいあんじ》（大官大寺の後身）が朝廷に提出した『大安寺伽藍縁起《だいあんじがらんえんぎ》幷流記資財帳《ならびにるきしざいちょう》』（以下、『大安寺伽藍縁起』）だ。

そこで、まずはこの二つに拠りながら、大官大寺の草創と歴史をたどってみたい。

天皇の命令によって建てられた舒明朝の百済大寺

『日本書紀』によれば、舒明《じょめい》天皇十一年（六三九）七月、舒明天皇は百済川《くだらがわ》のほとりに大宮《おおみや》と大寺《おおてら》をつくることを命じた。

「大宮」とは百済宮、「大寺」とは大官大寺の前身である百済大寺《くだらのおおてら》のことをさすと考えられている。「大寺」とはたんに大きな寺院という意味ではなく、私寺に対する官寺つまり国立寺院の意をもつ。「大王の寺」ということであろう。

舒明朝までに飛鳥寺、法隆寺をはじめ、すでに飛鳥周辺にはいくつもの寺院が建立されていたが、正式に勅命によって建立された寺院は、この百済大寺が最初であった。宮と寺をセットで建立しようとしたのは、聖徳太子による斑鳩宮《いかるがのみや》・法隆寺《ほうりゅうじ》の造営を意識したものとも考えられる。

そしてこの勅命を受けて同年十二月には百済川のほとりに九重塔が建ったという。着工からわずか五カ月で九重塔が建つというのはにわかには信じがたいが、一方の『大安寺伽藍縁起』は、百済大寺の造営は同年の二月にはじまったとし、しかも堂塔はできてまもなく焼け落ちたという。すなわち、「舒明天皇十一年二月、百済川のほとりの子部社《こべのやしろ》の地を切り開いて九重塔が建てられ、三百戸が施入されて百済大寺と号したが、このとき神の怨みをかって失火し、九重塔と金堂《こんどう》の石鴟尾《いししび》が焼失した」と記しているのだ。神社の木を切ったため、神の祟りを受けて罹災したというわけである。

その後はどうなったか。『大安寺伽藍縁起』によると、舒明天皇は崩御時に百済大寺の後事を皇后宝皇女《たからのひめみこ》に託した。そして舒明崩御後、宝皇女は即位して皇極《こうぎょく》天皇

(斉明《さいめい》天皇)となり、大寺の造営を阿倍倉橋麻呂《あべのくらはしのまろ》と穂積百足《ほづみのももたり》に命じたという。『日本書紀』にも皇極天皇が大寺の建立を命じたという記事がある(皇極天皇元年九月三日条)。

皇極天皇は、焼失した舒明朝の百済大寺の再建にあたったのだろうか。中絶していた造営を引き継いで再開させたものとみることもできそうだが、とにかく皇極天皇も百済大寺の造営に尽力したことは間違いなさそうだ。だが、百済大寺のその後については、史料にはほとんど言及がなくなる。

問題は、九重塔を擁したという百済大寺がどこにあったかである。これについては諸説があったが、平成九年(一九九七)以降に発掘調査が進んだ桜井市吉備の吉備池《きびいけ》廃寺《はいじ》を百済大寺にあてる説が現在では有力となっている。

吉備池は天香久山の東北約一キロにある農業用溜池で、以前から周囲では古瓦などが出土し、当初は吉備氏の氏寺の跡ともされていた場所である。大和盆地を流れて最終的に大和川につながる米川の東岸側で、吉備池廃寺＝百済大寺説をとるなら、この米川が『日本書紀』のいう「百済川」ということになり、舒明朝の百済宮もこの近くにあったのだろうと考えられている。

発掘調査では金堂と塔が東西に並立する一塔一金堂式伽藍（法隆寺式伽藍）の巨大な古代寺院の遺構が確認された。出土した瓦の組み合わせから、創建は六三〇年代～六四〇年代はじめごろと推定され、塔の基壇と心礎の大きさから九重塔が建っていた可能性は高いという（木下正史『飛鳥幻の寺、大官大寺』）。ただし、寺跡が火災に遭った痕跡は確認されておらず、その点は文献史料との整合性を欠いている。

なお、『大安寺伽藍縁起』は、百済大寺の前史として、病床にあった聖徳太子が、推古《すいこ》天皇が遣わした田村皇子《たむらのみこ》（のちの舒明天皇）に、熊凝村《くまごりむら》に建立した道場を大寺としてほしいと願い、聖徳太子と推古天皇の没後、舒明天皇はその願いを果たすべく百済大寺を造営したというエピソードを記している。百済大寺のルーツともいえる聖徳太子の熊凝道場には大和郡山市の額安寺《がくあんじ》を比定する説もあるが、このエピソードそのものを百済大寺の縁起を聖徳太子と結びつけるためにつくられたものとする見方もあって、はっきりしたことはわからない。

天武朝に百済大寺から大官大寺へと改称

時代がくだって天武天皇二年（六七三）、『大安寺伽藍縁起』によると、百済大寺は寺地を「高市《たけち》」に移して高市大寺となり、封戸や田地が新たに施入され、また同六年には寺号を大官大寺と改めたという。「大官」のいわれについて史料は語っていないが、一説に、「大官《おおつかさ》」は天皇（大王）のことであるという。

　そして天武天皇が晩年に病にかかると、病気平癒の祈願が大官大寺で行われた。病にたおれた天武天皇に対して、大官大寺をはじめとする諸寺で病気平癒の祈願がたびたび行われたことは、『日本書紀』も記している。『日本書紀』によれば、天武天皇の崩御後には、天武の皇后でもあった持統天皇によって、天武菩提《ぼだい》のための法会《ほうえ》が大官大寺を含む五寺で執り行われた。

大官大寺跡　塔は九重で、高さは100メートル近くに及んだ

　律令《りつりょう》制国家の確立をめざした七世紀後半の天武朝は、大官大寺・川原寺《かわらでら》（斉明天皇もしくは天智《てんじ》天皇の勅願寺とされる）・飛鳥寺《あすかでら》を飛鳥三大寺に位置づけ、そこでさまざまな国家的仏教行事が執り行われ、朝廷の尊崇を集めたが、その筆頭格に位置していたのが、豊かな経済的基盤も有した大官大寺だったのである。

したがって、『日本書紀』も『大安寺伽藍縁起』も大官大寺（高市大寺）の造営過程については何ら言及していないものの、天武朝には大官大寺は主要堂塔をそなえ、壮大な寺観を整えていたとみるべきだろう。

ところが奇妙なことに、『大安寺伽藍縁起』は、天武・持統天皇の孫である文武《もんむ》天皇のとき（六九七〜七〇七年）に、大官大寺に九重塔と金堂が建てられ、丈六《じょうろく》の仏像（おそらく本尊）がつくられたと記している。ということは、天武朝の大官大寺には堂塔も本尊もなかったのだろうか。

このような記述の矛盾や考古学的な調査をふまえて、近年では、天武朝の大官大寺と、藤原京時代にあたる文武朝の大官大寺を別個の寺院とする説が出され、両寺が一時併存していた可能性も指摘されている。

文武朝の大官大寺が冒頭に記した明日香村小山の寺跡に比定されることはいうまでもないが、天武朝の大官大寺つまり高市大寺については、橿原市木之本町《きのもとちょう》の木之本廃寺をあてる説などもあるものの、その所在地は確定されていない。

おそらく、持統《じとう》朝末期に行われた飛鳥浄御原宮《あすかのきよみはらのみや》から藤原京への遷都を機に、天皇の寺としての大官大寺が装いも新たに新都に建立されることになったのだろう。

八世紀初めに藤原宮とともに焼亡

和銅三年（七一〇）に平城京遷都が行われると、これにともなって藤原京の諸寺も平城新京に移転することになり、大官大寺もその列に加わることになった。

ところが、それからまもなく藤原京の大官大寺は焼けてしまったらしい。

平安時代末期成立の史書『扶桑略記《ふそうりゃっき》』によると、和銅四年、大官大寺は藤原宮とともに焼亡したという。大官大寺跡の発掘調査では大量の焼瓦や焼土が見つかっており、大官大寺の焼亡を裏づけている。九重塔は建物はほぼ完成していたが、基壇化粧工事に取りかかる前に焼失してしまったとみられている（上原真人『古代寺院の資産と経営』）。

結局、平城京には大官大寺の後身として大安寺が造営されたが、その建立時期は、旧寺焼亡前の和銅三年とする説と、焼亡後とする説にわかれている。

大安寺は、奈良時代なかばに東大寺があらわれるまで、由緒ある天皇家の寺院として寺院序列のトップに置かれ、南都七大寺《なんとしちだいじ》のひとつに数えられた。往時よりかなり規模を小さくしたが、大安寺は今も奈良で続いている。

天武・持統天皇ゆかりの古寺

薬師寺《やくしじ》

——朝廷が薬師信仰を積極的に受け入れた意外な背景

薬師寺

（薬師寺）奈良県奈良市西ノ京町、（本薬師寺跡）奈良県橿原市城殿町

はじめは藤原京内にあった薬師寺

七世紀後半の天武《てんむ》朝では大官大寺《だいかんだいじ》・川原寺《かわらでら》・飛鳥寺《あすかでら》が飛鳥三大寺として栄えたが、持統《じとう》天皇八年（六九四）の藤原京遷都以後は、この三カ寺に薬師寺《やくしじ》が加わって朝廷に尊崇され、あわせて四大寺《しだいじ》と称された。

ただし当初の薬師寺は、現在地の奈良市西ノ京町ではなく、そこから二〇キロほど南に離れた藤原京内に建っていた。その場所は橿原市城殿町《きどのちょう》の本薬師寺《もとやくしじ》跡と伝えられ、現地には堂塔の礎石が残されている。

しかし、法隆寺《ほうりゅうじ》や大官大寺と同様に、薬師寺の草創をめぐってもいろいろの説や

本薬師寺跡　跡地には金堂の礎石や東西両塔の土壇、塔の心礎などが残されている

論争があって、一筋縄ではいかない。まずは通説にしたがって創建史をたどってみたい。

天武天皇九年（六八〇）十一月、鸕野讃良《うののさらら》皇后（のちの持統天皇）が病気になったので、天武天皇は皇后のために誓願して薬師寺の建立にとりかかり、百人の僧侶を得度《とくど》させた。これによって皇后の病気は治癒した（『日本書紀』、「薬師寺東塔擦銘」）。その場所は、前述した橿原市城殿町の本薬師寺跡と考えられている。

持統天皇二年（六八八）正月八日、薬師寺で無遮大会《かぎりなきおがみ》が営まれた

(『日本書紀』)。

無遮大会とは、国王が施主となって何人も遮ることなくあらゆる人を集めて行われる法会《ほうえ》のことだが、このときの無遮大会は、二年前に亡くなった夫天武の菩提《ぼだい》を弔うために持統天皇が営んだものだったのだろう。そしてまた、このときまでには本尊仏も完成し、大規模な法会を営むことができるまでに寺観が整えられていたのだろう。

平城遷都を機に現在地に移る

同十一年(六九七)七月二十九日、公卿・百官が集まって薬師寺で仏像の開眼会《かいげんえ》が営まれた(『日本書紀』)。

このとき開眼された仏像は、本尊の薬師如来像ではなく、現薬師寺東院堂の聖観《しょうかん》音《のん》像、あるいはそれとは別の木彫の仏像ではないかとされている。

ちなみに、『日本書紀』の同年六月二十六日条には「持統天皇の病気のために公卿・百官が発願《ほつがん》して仏像をつくりはじめた」という記事があり、この仏像を翌月完成した薬師寺の仏像のこととみることもできる。わずかひと月で仏像が完成するというのはなかなか信じがたい面があるが、木彫なら不可能ではないだろう。

文武天皇二年（六九八）十月四日、薬師寺の造営がほぼ終わったので、衆僧《しゅそう》たちに詔《みことのり》を下してその寺に住まわせた（『続日本紀《しょくにほんぎ》』）。天武天皇の発願から十八年をへて僧坊などもでき、ようやく薬師寺はほぼ完成にいたったようである。

しかし、和銅三年（七一〇）に平城京への遷都が行われると、飛鳥寺や大官大寺などと同様に薬師寺も新京すなわち現在地の奈良市西ノ京町に移されることになった。

薬師寺が移転した時期は、『薬師寺《やくしじ》縁起《えんぎ》』（平安時代成立）によると、養老二年（七一八）だという。

移建説と非移建説の論争

以上のあらましはあくまで通説だが、疑わしい点もある。

本薬師寺跡伽藍配置図

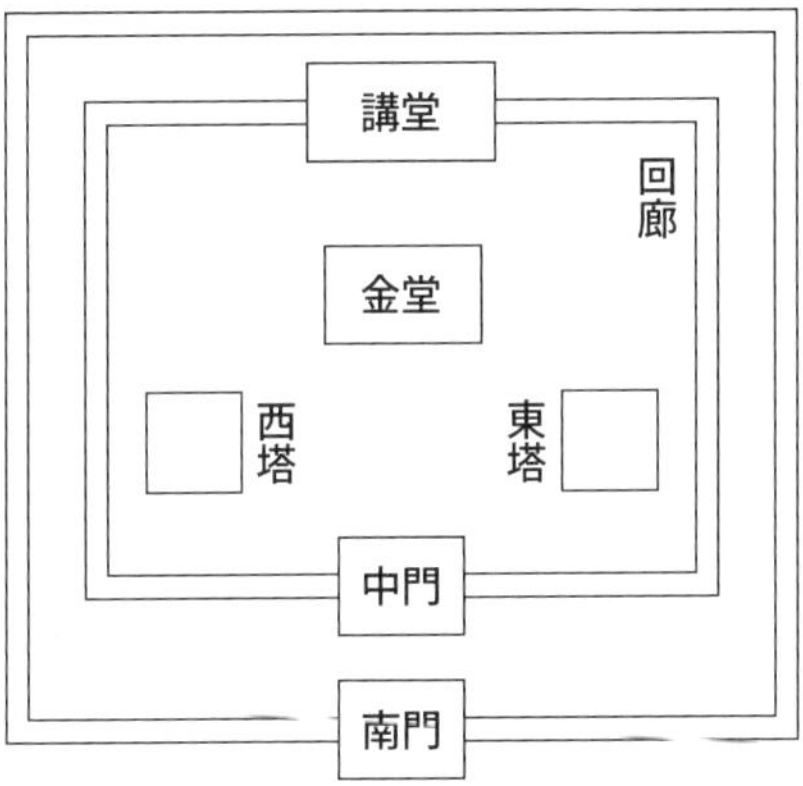

先に記したように、通説では、当初の薬師寺は天武天皇九年（六八〇）に橿原市城殿町の本薬師寺跡つまり藤原京内に創建され、持統天皇二年（六八八）にそこで大掛かりな法会が営まれたとするが、『日本書紀』によれば、持統天皇が新しい宮地の候補として藤原と呼ばれる地を視察したのは持統天皇四年、藤原京の造営がはじまったのは翌五年である。

したがって、通説をとると、薬師寺は藤原京造営前から藤原京内の地にあったことになる。これを矛盾とみて、藤原京時代以前には薬師寺は別の場所、天武朝の宮都飛《あす》鳥浄御原宮《かのきよみはらのみや》（高市郡明日香村飛鳥）の近くにあったとする説がある。

また、藤原京から平城京への移転をめぐっては、かつて移建説と非移建説のはげしい論争があった。伽藍《がらん》をいったん解体して移して建て直したとする説（移建説）と、もとの伽藍（本薬師寺）はそのまま残し、同じような建物を平城京に改めて建立したとする説（非移建説）が論争を繰り広げたのだが、現在では非移建説が優勢となっている。

『薬師寺縁起』に引かれている、奈良時代の記録とみられる「流記《るき》」に「（薬師寺の）塔は四基あり、二つは本寺にある」とあるのが、その論拠のひとつである。一つの寺が塔を四基もつのは明らかに不自然なので、この記録は、奈良時代には薬師寺が二つあり、それぞれが二つずつ塔をもっていたこと、つまり藤原京の本薬師寺と平城京の薬師寺が併存していたことを示していると考えられるからだ。

考古学の面でも非移建説に有利な調査結果が示されている。平成二十一年（二〇〇九）からの薬師寺の解体修理の際に東塔の心柱《しんばしら》の年輪年代測定が行われたが、その結果、心柱は養老三年（七一九）以降の伐採であることが判明した。ということは、東塔は藤原京時代のものではなく平城京遷都以降の新築とみるべきだろう。

ただし、塔以外の建造物もすべてそうだったのかというと、そこまでは言い切れず、論争の火種は消えていない。

仏像についても、移転にあわせて移坐されたとする説と、移転にあわせて新造されたとする非移坐説の論争がある。はっきりとした決着はついていないようだが、現金堂本尊の薬師三尊像については、様式からすると平城京遷都以前の白鳳《はくほう》彫刻よりも奈良時代の天平《てんぴょう》彫刻に近いといわれ、もし天平彫刻に分類されるとすれば非移坐説が有利となろう。

『薬師経』と大祓の親和性が意味するものとは

ところで、薬師寺という寺号はもちろん本尊の薬師如来に由来するわけだが、では、なぜ薬師如来を本尊としたのか、なぜ天武天皇は薬師如来像を造像させたのかといえば、それは薬師如来が治病に効験のある仏尊として信仰されていたからであり、薬師如来を篤く信仰すれば皇后の病を治すことができると天武天皇が考えたからだろう。

薬師信仰は薬師如来の本願や功徳《くどく》を説く『薬師経《やくしきょう》』にもとづくものだが、ふつう漢訳の『薬師経』といえば玄奘《げんじょう》（六〇二〜六六四年）訳の『薬師瑠璃光《るりこう》如来本願功徳経』をさすが、四世紀前半の帛尸梨蜜多羅《はくしりみったら》の訳と伝えられる『灌頂抜除過罪生死得《かんじょうばつじょかざいしょうじとく》度経《どきょう》』、達摩笈多《だつまぎゅうた》（？〜六一九年）訳の『薬師如来本願経』などもある。

『薬師瑠璃光如来本願功徳経』などによると、東方浄瑠璃世界の教主薬師如来はまだ菩薩《ぼさつ》として修行中だったとき、衆生《しゅじょう》を救うために十二の大願を立てた。この大願の中に、病苦や貧困を除き、安楽を与えるという現世利益《げんせりやく》を説くものがあるが、これがとくに注目され、薬師如来は治病や延命をもたらしてくれる仏として信仰を集めるようになり、医王仏とも呼ばれた。

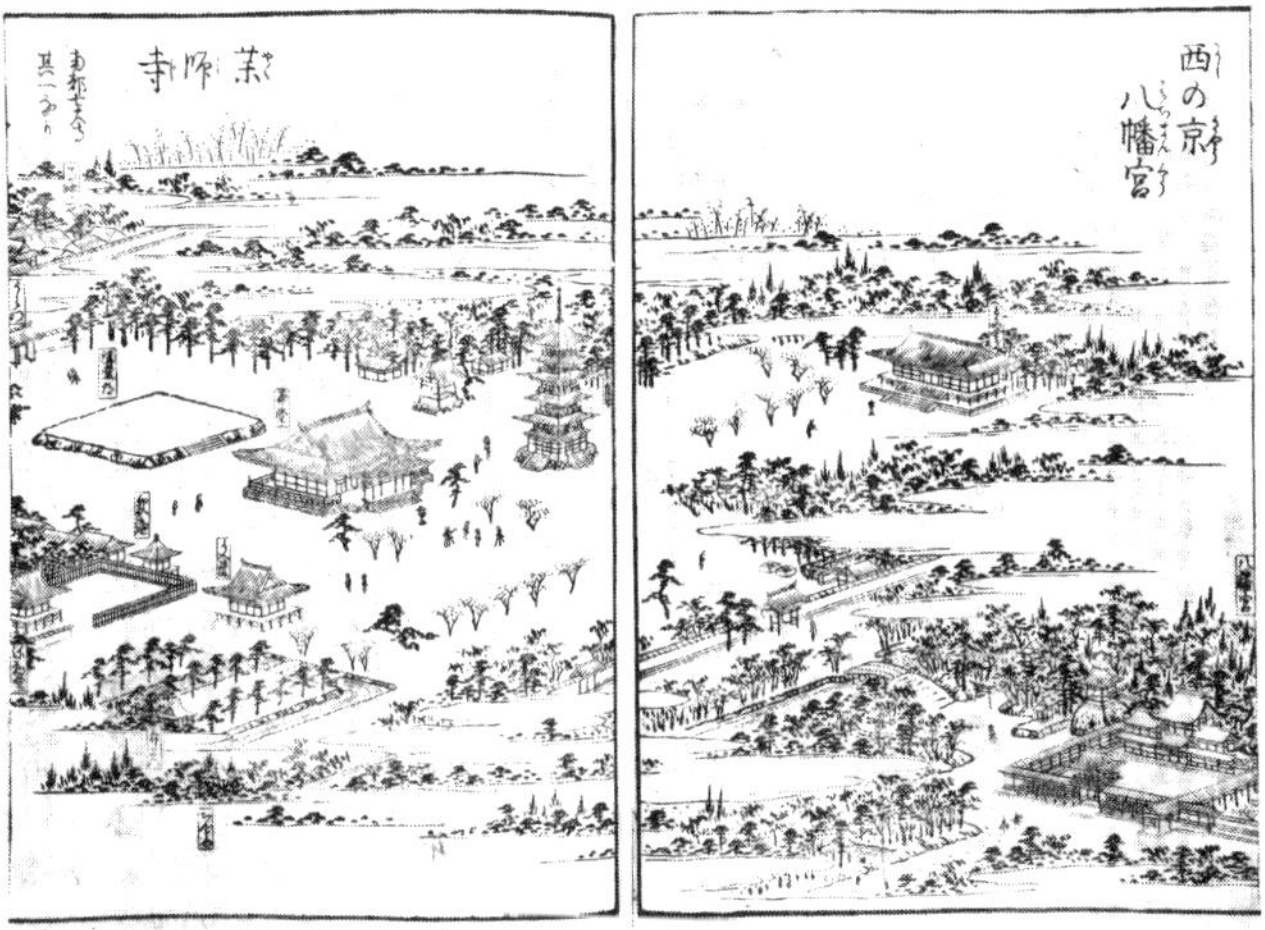

薬師寺　中央に見える東塔が創建時の建物で唯一現存するもの（竹原春朝斎画『大和名所図会』）

日本に薬師信仰が伝来したのがいつかははっきりしていない。だが、飛鳥寺の僧侶で、白雉《はくち》四年（六五三）に遣唐使とともに入唐《にっとう》し、斉明《さいめい》天皇六年（六六〇）ごろに帰朝した道昭《どうしょう》は、『薬師経』を訳した玄奘に師事しているので、彼の帰朝を機に伝来していた可能性が高い。

しかし、薬師信仰が盛んになり出したのは天武朝の七世紀末からで、たとえば、『日本書紀』によると、朱鳥《しゅちょう》元年（六八六）五月、病気になった天武天皇は飛鳥の川原寺で僧侶に『薬師経』を説かせ、宮中に僧侶を集めて安《あん》居《ご》させたという（その甲斐なく、九月には崩御してしまうのだが)。そして天武・持統による薬師寺建立は、薬師信仰の高まりの結実であった。

このようにみてゆくと、薬師信仰を介して仏教に強く魅せられていった天武・持統の姿が浮かび上がるが、神道学者の西田長男氏などが唱えたように、日本での薬師信仰の普及には、神事儀礼の祓《はらえ》が関係しているのではないか、という興味深い見方もある。

人びとが犯した罪や穢れを神々に除去してもらうことを祈る神事を祓というが、それを大掛かりにして朝廷で国家祭祀として行われたものを大祓《おおはらえ》といい、その際には『大祓詞《おおはらえのことば》(中臣祓《なかとみのはらえ》)』が読み上げられた。その『大祓詞』には生膚断《いきはだたち》、死膚断《しにはだたち》といった除去すべき罪の種類が列挙されているのだが、その用語には、『薬師経』の中で薬師如来が祓除《ばつじょ》してくるものとして言及される病苦や悪事と類比されるものがいくつもみとめられる。

要するに『大祓詞』と『薬師経』には相通じる要素があるわけで、そのことから、西田氏は「わが国の上代仏教史において、あのように薬師信仰が盛行したというのは、すでに存していたわが国固有の信仰としての大祓の思想的基盤なくして決して考ええられない」と論じている（『日本神道史研究　第一巻』）。

大祓と薬師信仰には思いがけず親和性があったのである。

ちなみに、朝廷は大祓を毎年六月と十二月の晦日に行うことを制度化したが、この制度のもとをつくったのは天武天皇である。

マクロな視点でとらえるならば、薬師寺は、ニューモードの大祓を執り行うための一大道場として建立されたといえるのかもしれない。薬師信仰と大祓の問題は単純に結論づけられるものではないが、飛鳥時代の人びとにとって、仏教と神事はさほどかけ離れたものではなかったのではないだろうか。

薬師寺は近年、東塔の解体修理が続けられてきたが、令和元年（二〇一九）末にそれも完了し、建物の覆いも撤去された。東塔は千三百年前の平城薬師寺創建時から残る唯一の建物で、飛鳥仏教の香りもほのかに漂う。

コラム③ 謎の両槻宮《ふたつきのみや》

『日本書紀』には、神社ではなく、また明らかに仏教寺院でもない、謎めいた宗教的施設も登場している。

斉明《さいめい》天皇二年（六五六）是歳《ぜさい》条によると、この年、斉明天皇は田身嶺《たむのみね》（奈良県桜井市南部の多武峰《とうのみね》）に垣根をめぐらし、頂上にそびえる二本の槻《つき》の樹のそばに「両槻宮《ふたつきのみや》」と名づけられた「観《たかどの》」を建てた。両槻宮は「天宮《あまつみや》」とも呼ばれたという。

さて、「両槻宮」とははたしてどんな建物だったのだろうか。「宮」がつくことからすれば、天皇の離宮のようなものか、またはお宮つまり神社の一種を思い浮かべるところだが、『日本書紀』は、それは「観」であるとわざわざことわっている。

「観」とは何か。この字には貴人が物見をするための高い建物、楼台《ろうだい》の意味があるが、それとは別に、「道観《どうかん》」の略称の意味ももつ。「道観」とは中国の民族宗教である道教《どうきょう》の祭祀場・修行道場のことで、つまりは道教寺院である。

そのため、斉明天皇が建てた両槻宮を道観とみる説がある。この説をいち早く唱えたのは大正から昭和にかけて活躍し、「国史大系」の校訂も手掛けた著名な歴史学者の黒板勝美氏である。日本における道教研究の先

亀形石造物　両槻宮と関連しているとされる酒船石（さかふねいし）遺跡のひとつ。花崗岩で亀の足や尻尾が造形されている

駆者となった福永光司氏もこの見方を支持し、両槻宮の異称「天宮」は道教教典などに登場する用語で、神仙が赴く天上世界の宮殿のことだとも指摘している（『日本の道教遺跡』）。

両槻宮は史書上では『続日本紀《しょくにほんぎ》』の大宝《たいほう》二年（七〇二）条を最後に現れなくなる。おそらく荒廃してしまったのだろう。

その正確な場所は不明で、遺跡などの発掘も行われていないが、多武峰の高所からは北側に飛鳥《あすか》の中心部を望むことができる。その南には古代の宮廷人が仙郷として憧憬した吉野《よしの》がある。

道教はさまざまな信仰・思想が習合した宗教だが、その核となっているのは不老長生をめざす神仙術である。日本に伝来した時期は、

酒船石　酒船石遺跡のひとつ。酒を造る施設あるいは薬などを造るための施設とされる

仏教のようには明確にされていないが、渡来人などを介して飛鳥時代に流入していたとしても不思議ではないし、新奇なことを好んだ女帝斉明が神仙術に興味を示したことも大いにありえよう。

ちなみに、作家の松本清張は小説『火の路』のなかで、両槻宮をゾロアスター教の神殿と結びつけるユニークな説を披露している。『日本書紀』には斉明朝にゾロアスター教徒のペルシア人とも考えられる異国人が来日していたことを示す記事もあるので、この説も荒唐無稽の珍説として片づけるわけにはいかない。

第4章

なぜか日本書紀が語らない有名古社寺の謎

八幡信仰の本源

宇《う》佐《さ》神宮

——記紀が沈黙する八幡神の正体

宇佐神宮

大分県宇佐市南宇佐

全国に八千社ある八幡神社の総本宮

現在、全国には神社が約八万社あるが、そのうちのおよそ一割が八幡神《はちまんしん》を祀る八幡神社・八幡宮で、神社を祭神で系列化すると八幡系が全国でもっとも多い。

そんな全国の八幡神社・八幡宮の総本宮であり、その本源に位置づけられているのが、大分県宇佐市に鎮座する宇佐《うさ》神宮（宇佐八幡宮、宇佐宮とも称される）だ。現在は八幡神を主祭神として、比売神《ひめがみ》、神功《じんぐう》皇后のあわせて三座を祀り、さらに八幡神を神功皇后を母とする応神《おうじん》天皇の神霊、比売神を宗像《むなかた》三女神（市杵島姫神《いちきしまひめのかみ》、湍津姫神《たぎつひめのかみ》、田心姫神《たごりひめのかみ》）のこととしている。

宇佐神宮　宇佐八幡宮とも呼ばれ、称徳天皇時代の宇佐八幡宮神託事件で知られる

宇佐神宮の八幡神は奈良・平安時代には天皇家をはじめ、貴族、武家などから篤い崇敬をうけるようになり、京都の石清水《いわしみず》八幡宮、鎌倉の鶴岡《つるがおか》八幡宮などにみられるように、全国各地に八幡神は勧請《かんじょう》され、八幡神社・八幡宮がたてられ、庶民にまでその信仰は浸透していった。

このように八幡神は国家神的な扱いを受け、八幡神社は日本人にもっともなじみ深い神社といえるにもかかわらず、八幡信仰に関しては謎が多い。たとえば、宇佐神宮と八幡神の起源、ハチマンという神名のルーツ、なぜ八幡神と応神天皇の霊が同一視されるのか、といった問題をめぐってはさまざまな説が出されてはいるが、なかなか定説といえるものは見当たらない。

こうした謎にさらに大きく輪をかけて、『古事記』も『日本書紀』も八幡神や宇佐神宮のことにはいっさい言及していない。いや、非常に古い由来をもっているはずの八幡について記紀が沈黙しているという事実が、八幡をめぐるミステリーの源泉なのかもしれない。

なぜ、記紀は八幡について沈黙しているのか。

そのことを考える前に、まず宇佐神宮の歴史をざっとたどってみたい。

六世紀後半に渡来系氏族らによって創祀された

現在の宇佐神宮は国東《くにさき》半島の付け根あたりの周防灘《すおうなだ》を臨む小平野にあり、亀山（小《お》倉山《ぐらやま》、小椋山ともいう）を中心に境内が広がる。亀山の頂上に上宮《じょうぐう》があり、その北麓には神池である菱形池《ひしがたいけ》がある。そして亀山の南東約四キロの場所にそびえる御許山《おもとさん》（六四七メートル、馬城峰《まきのみね》ともいう）が奥宮となっている。

宇佐神宮の草創縁起はいくつも残されているが、そのなかで比較的早期とされるものに、弘仁《こうにん》十二年（八二一）八月十五日の太政官符《だいじょうかんぷ》（『東大寺要録』三、所収）にみえる、弘仁六年の「大神清麿解状《おおがのきよまろげじょう》」がある。それによると、八幡神は八幡大菩薩《だいぼさつ》でまた応神天皇の霊であり、欽明《きんめい》天皇の時代に豊前《ぶぜん》国宇佐郡馬城嶺（御許山）に出現した。欽明天皇二十九年（五六八）、大神比義《おおがのひぎ》という人物が鷹居瀬社《たかいせしゃ》（鷹居社）を建ててそれを祀り、その後、現社地（菱形小椋山）にそれを遷し、祝《はふり》（神職）の任に就いたという。

承和《じょうわ》十一年（八四四）の奥書のある『宇佐八幡宮弥勒《みろく》寺建立縁起』（『石清水文書』二、所収）でも、八幡神は応神天皇の霊とされ、やはり欽明天皇の時代に豊前国宇佐郡馬城嶺にはじめて顕れて大神比義が鷹居社に祀ったと、「大神清麿解状」と同じことが書かれているが、それとは別に「一《ある》に曰《いわ》く」として異なる伝承が詳述されている。

それによると、八幡神は欽明朝に宇佐郡辛国《からくに》宇《う》豆《ず》高島《たかしま》に天降った。そこから大和や瀬戸内などをめぐって今度は宇佐郡馬城嶺に現れ、辛島勝乙目《からしまのすぐりおとめ》という人物に奉られ、諸所をへたうえで鷹居社に移座した。その後、八幡神が祟り神となったため、勝乙目が三年間、神の心を和らげ祀り、神亀《じんき》二年（七二五）には辛島勝波豆米《はずめ》への託宣にもとづいて現社地に遷座したという。

平安末期から鎌倉時代にかけてはさらに詳細な縁起もあらわれているが、それらによれば、欽明朝に宇佐に示現《じげん》した八幡神は幼童の姿をとっていたという。

これらの縁起に登場する大神氏や辛島氏は宇佐神宮の神官一族で、大神氏は大和の三輪山《みわやま》を奉斎した大神《おおみわ》氏系の一族、辛島氏は渡来系（新羅《しらぎ》系）氏族といわれている。前者の「大神清麿解状」は大神氏系の、後者の『宇佐八幡宮弥勒寺建立縁起』は辛島氏系の伝承を記したものと考えられる。辛島氏の乙目や波豆米はおそらく女性で、神《かみ》憑《がか》り巫女《みこ》的なシャーマンだったのだろう。「辛国宇豆高島」の場所は不詳だが、辛島氏の本拠地・宇佐郡辛島郷と関連があると思われる。宇佐神宮の社家《しゃけ》には、この他に、宇佐土着の豪族とみられる宇佐氏もいる。

また、両伝に共通して登場する鷹居社というのは宇佐神宮の前身とみられる社で、現在の宇佐神宮から西へ二キロほどいった、駅館川《やっかんがわ》のほとりにその霊跡と伝えられる鷹居神社があり、宇佐神宮の摂社となっている。

宇佐神宮の草創縁起はいずれも伝承・伝説であって、そのまま史実として受け取るわけにはいかないが、それはともかく、宇佐神宮側の史料にもとづけば、欽明朝の終わりごろ、つまり六世紀後半に八幡神が宇佐に示現し、宇佐神宮の歴史がはじまったことになる。

そしてそれに関与したのが、大神氏や辛島氏であり、宇佐氏であった。おそらく彼らが信奉していた守護神が八幡神の原像であろう。

八幡信仰が広まるのは奈良時代の大仏造立から

しかし、『日本書紀』の「欽明天皇紀」には宇佐や八幡神に関する記述はまったくない。「大神清麿解状」によれば、欽明天皇二十九年に八幡神は示現したことになっているが、『日本書紀』にはそもそも欽明天皇二十九年条が存在しない。『日本書紀』のソースとなった史資料にはこの年に関する記録がなかったか、なにかあったとしても、編述者がことさらに書き残すべき出来事ではないと判断したからだろう。

八幡信仰は神功皇后や応神天皇とも結びついて発展したが、「神功皇后紀」や「応神天皇紀」にも、八幡や宇佐に関わる記述はまったく登場しない。もちろん『古事記』にも八幡神への言及はみられない。

八幡神（宇佐神宮）の史書上における初見は、『続日本紀《しょくにほんぎ》』の天平《てんぴょう》九年（七三七）四月一日条にまで下る。

「使《つかひ》を伊勢神宮、大神社《おおみわのやしろ》、筑紫《つくし》の住吉《すみよし》、八幡二社及び香椎宮《かしいのみや》に遣《つかは》して幣《みてぐら》を奉る。以て新羅の無礼《むらい》の状《さま》を告ぐ」

ここにみえる「八幡」というのは宇佐神宮のことと考えられており、「二社」とあるのは当時、宇佐神宮に八幡神とその比売神の二柱が祀られていたからだろうとされている（平安時代からはこれに神功皇后が加わって、三柱・三座になった）。この時期、日本は朝鮮半島の新羅と緊迫化した関係にあったが、その沈静化を願って距離的に新羅にも近い宇佐神宮に幣帛《へいはく》が奉られたのだろう。

宇佐の八幡信仰が中央・朝廷に大きく進出するのは、この後の東大寺大仏造立からになる。

聖武天皇の大仏造立事業が難航したとき、八幡神が大仏建立に協力することを誓う託宣を発したといい、天平勝宝《てんぴょうしょうほう》元年（七四九）に大仏鋳造が成ると託宣にしたがって宇佐神宮の巫女が上京して大仏を拝礼《はいれい》し、東大寺大仏の守護神として宇佐八幡神が平城京の地に勧請された（現在の手向山《たむけやま》八幡宮）。

これを機に八幡神は朝廷から厚遇されるようになり、また仏教ともよく習合して「八幡大菩薩《だいぼさつ》」と号されるようにもなったのである。

八幡神＝応神天皇となるのは八世紀後半以降か

結局、宇佐神宮や八幡神が記紀に登場しないのは、記紀の編纂が行われていた七世紀末から八世紀初頭の時点ではそれが九州の一部地域以外にはまだほとんど知られておらず、八幡信仰が黎明期にあったからだと考えるのが、まずは合理的といえよう。八幡を奉斎する大神、辛島、宇佐といった氏族が当時の中央政界と強いつながりを有していなかったことも要因に含められよう。

また、記紀に八幡神が登場しないという事実は、八幡神が応神天皇の神霊と明確に同一視されるようになったのが、記紀成立以後のことであることを傍証していると思われる。なぜなら、もし早くから八幡神＝応神天皇とする信仰があったのなら、天皇に関する伝説・伝承を重んじる記紀がそれを見逃すはずはないだろうし、なんらかのかたちでそのことに言及しないはずはないからである。

しかし、八世紀後半以降、新羅との関係が緊迫化するなかで新羅親征伝説をもつ神功皇后と皇后が九州で生んだ応神天皇の伝説が改めてク

古代天皇系図③

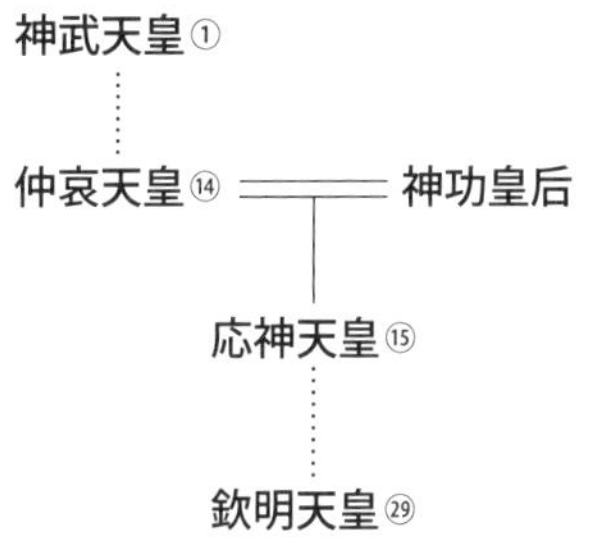

○数字は天皇代数

ローズアップされた。

そして、九州にもとからあった神功・応神への信仰が、同じ九州を震源として急速に勢いを得つつあった八幡神への信仰と習合した。八幡神が新羅系氏族の辛島氏によって奉斎されていたことも関係していたのかもしれない。もうひとつの奉斎氏族である大神氏に対しても、第1章の大神神社の節でふれたように、渡来系氏族の可能性が指摘されていることも、この問題を考えるうえでは興味深い。

こうして、八幡神と応神天皇を同一視する信仰が成立したのではないだろうか。

おおよそはこのような理由から、『日本書紀』は、日本で最も人気を集める神社の由来を書き漏らしてしまったのだろう。

アマテラスとスサノオの誓約の場面に登場する「宇佐島」とは

ただし、記紀に宇佐神宮の痕跡がまったくないわけではない。

そこで『日本書紀』を見てみると、その痕跡のひとつ目は、神代巻の天照大神《あまてらすおおみかみ》と素戔嗚尊《すさのおのみこと》の誓約《うけい》の場面である。第1章の宗像大社の節ですでに触れたが、アマテラスの息から生まれた田心姫、湍津姫、市杵島姫の三女神（宗像三女神）について、

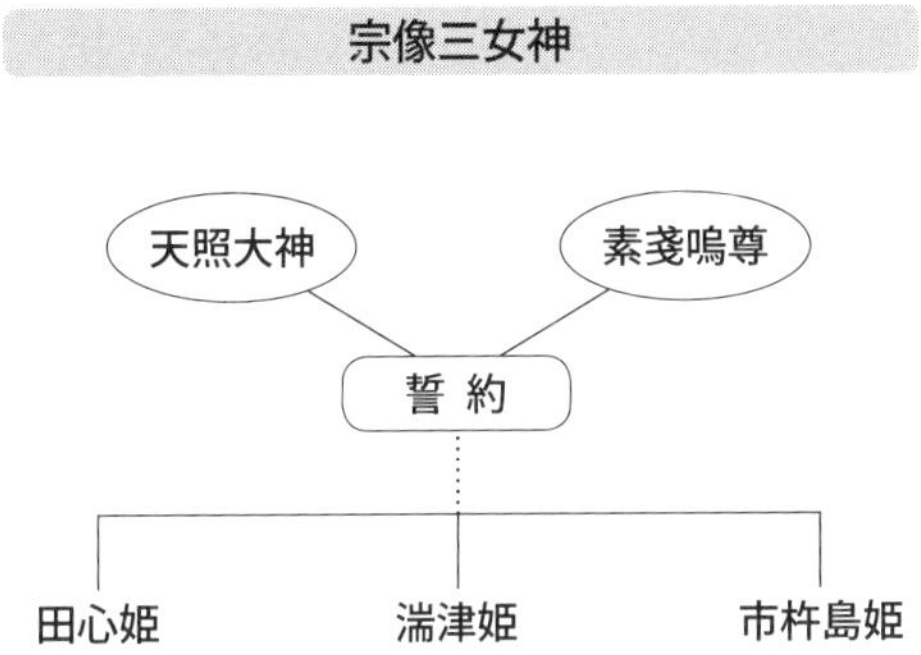

「一書《あるふみ》」のひとつに「アマテラスは三女神を葦原中国《あしはらのなかつくに》の宇佐島《うさのしま》に降して鎮めさせた」とあるのが、それである。

ここにみえる「宇佐島」については、宇佐神宮の宇佐とするのが通説で、このことを踏まえて、現在の宇佐神宮は祭神三座のうちのひとつで二之御殿に祀られている比売神をこの三女神のこととしている。ただし、宇佐を「島」と表現するのは不自然で、「宇佐島」を玄界灘《げんかいなだ》の沖《おき》ノ島、つまり宗像大社の奥《おき》津宮《つぐう》（沖津宮）とする説もある。「おそらく、海の民宗像氏の勢力が及ぶ広い地域で、この三女神は祀られていた」（三浦佑之『古事記神話入門』）とする見解もあるが、残念ながら、いまのところ神代巻の「宇佐島」については、宇佐神宮の宇佐をさしているとも、さしていないともいえそうだという、あいまいな結論しか導き出せそうにない。

じつは神武東征伝説に登場している宇佐氏

痕跡の二つ目は、神武《じんむ》東征の場面である。九州の日向《ひむか》を出立した神武一行はほどなく筑紫国（九州北部）の菟狭《うさ》（宇佐）に着くが、このとき、菟狭国造《うさのくにのみやつこ》の祖の菟狭津彦と菟狭津媛が菟狭川（宇佐川）の川上に一柱騰宮《あしひとつあがりのみや》を造り、神武を饗応した。そして神武は菟狭津媛と侍臣の天種子命《あまのたねこのみこと》を娶せたという。天種子命は中臣《なかとみ》氏の遠祖とされる人物である。

『古事記』にもほぼこれと同じようなことが書かれている。

菟狭津彦と菟狭津媛は宇佐神宮の神官家のひとつである宇佐氏の祖とされる。

「菟狭川」とは宇佐神宮の西側を流れる駅館川のことだが、その「川上」となると宇佐神宮の社地はあてはまりにくい。

「一柱騰宮」については、屋根を一本の柱で支える東屋風の急ごしらえの建物と解釈する説や、『古事記』には「足一騰宮」とあることから、床が低くて一足で上がれる簡素な宮殿と解する説などがあるが、なかば構造不明の建物とせざるを得ない。

駅館川の川上にあたる、小盆地状になっている宇佐市安心院町《あじむまち》の妻垣《つまがき》山の麓には、

妻垣神社　一柱騰宮が営まれたと伝えられる妻垣山の麓に建つ。山の中腹には宮旧跡とされる巨石が鎮まる

一柱騰宮の故地に建てられたと伝えられる妻垣神社がある。主祭神である比売神は妻垣山に降臨したといい、宇佐神宮の比売神と同神であり、宇佐の比売神の元宮であると伝えられている。その比売神とは、一説に神武の母玉依《たまより》姫《ひめ》であるという。妻垣神社は松本清張の古代史ミステリーの出発点となった短編小説『陸行水行』の舞台になったことでも知られる。

宇佐氏や比売神との関係を考慮すれば、ここを宇佐神宮や八幡信仰のルーツのひとつに位置づけることは不可能ではない。

妻垣山の山中の一隅には、一柱騰宮の旧跡とされる巨石が玉垣に囲まれて鎮まっている。

異界信仰の霊地
熊《く》野《の》三《さん》山《ざん》
――じつはつながっていた神武伝説と熊野詣

熊野三山
（熊野本宮《ほんぐう》大社）和歌山県田辺市本宮町、（熊野速玉《はやたま》大社）新宮《しんぐう》市新宮、（熊野那智《なち》大社）牟《む》婁《ろ》郡那智勝浦町那智山

浄土視された神仏習合の霊場

日本有数の聖地として知られる熊野《くまの》は、紀伊半島南部に位置する。現在の行政区域では和歌山県の東牟《む》婁《ろ》・西牟婁両郡と新宮《しんぐう》市、田辺市、三重県の南牟婁・北牟婁両郡と熊野市、尾鷲市の各郡市にまたがっていてなにやらややこしいが、この一帯は古くは熊野国と総称されて国造《くにのみやつこ》（ヤマト王権時代の地方首長）が置かれていた。

ところが、大化改新《たいかのかいしん》（六四五年）以降に熊野国は廃されて北側の紀伊《きい》国（木国《きのくに》）に吸収されたといわれ、旧熊野国は紀伊国牟婁郡となったが、それでも「熊野」はこの

地域の通称として残ったのである。

そして、その聖地としての熊野の中心を担ってきたのが、熊野川の上流に鎮座する熊野本宮《ほんぐう》大社（旧称は熊野坐《にます》神社／和歌山県田辺市本宮町）、熊野川の河口近くに鎮座する熊野速玉《はやたま》大社（通称は熊野新宮／新宮市新宮）、那智《なち》山の中腹に鎮座して那智滝をご神体とする熊野那智大社（牟婁郡那智勝浦町那智山）の三社で、これらは熊野三山と総称される。それぞれの主祭神は、現在では、本宮は家津御子神《けつみこのかみ》、速玉社（新宮）は速玉神、那智社は夫須美神《ふすみのかみ》となっている。

熊野本宮大社　熊野三山の中でもとりわけ古式ゆかしい雰囲気を漂わせる

神仏習合が盛んになった平安時代以降には熊野三山に坐《いま》す神は熊野三所権現《さんしょごんげん》とか熊野権現などと呼ばれ、浄土信仰とも結びついて、現世と来世の安穏を願う上皇・法皇や貴族らによる熊野詣《もうで》が盛んに行われた。浄土視された聖地・熊野に参詣すれば、現世の幸福を得るだけでなく、極楽浄土へ往生することもできると信じられたからだ。

その流行の波は武士・庶民にも及び、人びとがたえまなく熊野に押し寄せる様は「蟻の熊野詣」と評された。中世には熊野修験者《しゅげんじゃ》の勧進《かんじん》活動によって熊野信仰は全国に流布し、各地に熊野神社が勧請《かんじょう》されていった。

そして三山の神門や礼殿《らいでん》には「日本第一大霊験所　根本熊野三所権現」と書かれた額が掲げられたのである。

奈良時代にはマイナーな神社だった熊野三山

ところが、記紀は、熊野三山についてはまったくふれていない。

熊野三山それぞれの草創を社伝にみると、本宮は第十代崇神《すじん》天皇の時代、速玉社は第十二代景行《けいこう》天皇の時代、那智社は第十六代仁徳《にんとく》天皇の時代などとなっているが、これらはいずれも伝説の色合いが濃く、そのまま史実とみることはできない。

熊野三山のうち、比較的早くから史料に登場するのは本宮と速玉社で、『新抄格《しんしょうきゃく》勅符抄《ちょくふしょう》』という古代の法令集の大同元年（八〇六）牒《ちょう》によると、この二社に対し、天平神護《てんぴょうじんご》二年（七六六）には封戸《ふこ》（収入源として与えられた人民のこと）として四戸が朝廷から与えられていたという。そうすると、奈良時代の八世紀なかばには両社がすでに鎮座していたことは間違いない。

那智社が成立したのはそののちのことで、結局、三山体制が整ったのは、平安時代に入ってからのことになるようだ。

したがって、記紀の編纂作業が行われていた時期には、まだ熊野の三社は成立していないか、成立していたとしても中央にはほとんど知られていないような、きわめてローカルな神社にすぎなかったのだろう。

古くから「死者の霊がこもる地」とされた熊野

だが、「熊野三山」に限定せず、「熊野」という地域全体に視野を広げれば、記紀との接点をいろいろと見出すことができる。

『日本書紀』の神代巻によると、火神を生んで負った火傷がもとで亡くなった伊奘《いざな》冉尊《みのみこと》は、「紀伊国の熊野の有馬村《ありまのむら》」に葬られた。土地の人々はこの神の霊魂を、時節の花を供えて祀り、また鼓や笛、幡《はた》を用いて歌舞を演じて祀っているという（「神代上」第五段・一書《あるふみ》第五）。

ここにみえる「紀伊国の熊野の有馬村」、つまり伊奘冉尊の葬地は、三重県熊野市有馬の花窟《はなのいわや》神社に比定され、この神社は海に面した「花の窟」と呼ばれる大岩壁をご神体としている。速玉社から北東に二〇キロほどの場所である。

熊野灘を臨む熊野が伊奘冉尊の葬地とされたというこの『日本書紀』の記述は、熊野を死霊たちが住まう異界あるいは異界との境界とする信仰、または熊野灘の彼方に不老不死の神仙たちが住まう常世国《とこよのくに》があるとする常世信仰が、古くから芽生えていたことの、あらわれとしばしば指摘される。これを傍証するように、同じ神代巻の後ろのほうには、大己貴神《おおなむちのかみ》とともに国作りを行った少彦名命《すくなひこなのみこと》が「熊野の岬に行き着いて、常世国に行ってしまった」と、記される場面がある（「神代上」第八段・一書第六）。

そもそも、クマノの語義は「隈《くま》（＝奥まったところ）＋野」、つまり山や森の奥深いところだといい、そこには「死者の霊がこもるところ」というニュアンスも読み取ることができるともいわれている。

平安時代以降、熊野そのものが浄土視され、また那智山から観音浄土をめざして単身で渡海を試みる補陀落《ふだらく》渡海がたびたび行われたのも、このような異界信仰、常世信仰が熊野に素地としてすでにあったからだろう。

神武東征伝説に登場する熊野

神武《じんむ》東征の場面でも熊野は印象的なスポットとして登場している。『日本書紀』「神武天皇紀」によると、河内国《かわち》で長髄彦《ながすねびこ》と戦って敗れた神武一行は、紀伊半島を大きく迂回して、狭野《さの》（和歌山県新宮市佐野のことか）を越え、熊野の神邑《みわむら》に至る。そして天磐盾《あまのいわたて》に登ってから、再び海路を行くが、嵐に遭って船は漂流する。

そのとき、神武（神日本磐余彦尊《かむやまといわれびこのみこと》）の兄の稲飯命《いなひのみこと》は「我が父は天《あま》つ神であり、母は海神《わたつみ》なのに、どうして陸と海でこうも苦しめられるのか」と嘆いて海に身を投じた。もうひとりの兄の三毛入野命《みけいりののみこと》は「我が母と叔母は海神なのに、なぜ波を起こして溺れさせようとするのか」と言い、波頭を踏んで常世国に去ってしまった。

兄たちを失った神武はその後、再び熊野に上陸し、大和へ向けて進軍してゆく。「熊野の神邑」は一般に新宮市新宮のあたりとされ（新宮市佐野の東側に三輪崎という地名がある）、天磐盾は、通説では熊野川の河口付近の神倉山《かみくらやま》頂上に鎮座する神倉神社のご神体、巨岩「ゴトビキ岩」のこととされている。神倉神社は速玉社から徒歩十分ぐらいのところで、速玉社の摂社となっている神社である。

速玉社側の伝承では、神倉山は熊野神（熊野権現）が最初に降臨した地で、そこにまず神倉神社が建てられ、のちにやや離れた場所に新しく速玉社が建てられたとし、速玉社が新宮とも称するのは、神倉山の旧社に対して新しい宮であるからだという。

そうだとすれば『日本書紀』は速玉社の草創地に言及していることになるが、神倉山信仰と速玉社（熊野三山）信仰は本来別個のものだったのではないかとみる研究者もおり、安易なことはいえそうにない。そもそも、神武が登ったという天磐盾を、神倉山、ゴトビキ岩とはっきり断定できるわけでもない。

神武天皇の原像は熊野大神か

むしろ、この東征の場面で注目すべきなのは、神武の兄である稲飯命や三毛入野命が熊野から海に入ったり常世国に渡ったりしているところだろう。ここにも熊野と異界信仰、常世信仰とのつながりが明確にみとめられる。少なくとも記紀が編纂されていた時代、中央の人々には、奥深い山々とまぶしい海原に囲まれた熊野は常世につながる霊地、黄泉国《よみのくに》にも似た異界の地として認識されていたのだろう。

そして、神武がそのような神秘の異界をくぐりぬけ、山中では熊野神の使いとされるヤタガラスの導きも得てさまざまな危難を乗り越え、ついに大和入りを果たしたというところに、古代の人々は初代天皇の偉大さ、カリスマ性を如実に感じとったのではないだろうか。

ちなみに、『古事記』によれば、神武天皇には若御毛沼命《わかみけぬのみこと》とか豊御毛沼命《とよみけぬのみこと》といった別名があったという。『日本書紀』で常世に渡ったとされる神武の兄三毛入野命と重なり合う名前である。ひょっとしたら、神武＝ミケヌが常世国に渡ったという伝承が神武の熊野伝説の原像だったのかもしれない。

ここから視点を逆転させて、常世国から海をへて熊野に来臨したミケヌが神武の原像であり、熊野神の原像ではないかとする見方もある。神話学者の松前健氏は、神武伝説の原型とは、「熊野大神が、海上から来臨し、多くの国つ神や邪霊どもを征服し、またいろいろの受難（たとえば死んで復活するなど）ののち、この地に鎮座したという熊野の神の鎮座縁起であっただろう」などと論じている（『日本神話の謎』）。

そして、こうした熊野固有の異界信仰・常世信仰を背景にして――いや、それを結実させるかたちで――熊野三山が成立し、仏教の浄土信仰や修験道とも習合して「日本第一大霊験所」として隆盛していったのだろう。

記紀が書けなかった京都の古社寺
──上賀茂《かみがも》神社、下鴨《しもがも》神社、松尾《まつのお》大社、六角堂《ろっかくどう》

上賀茂神社
京都市北区上賀茂本山
下鴨神社
京都市左京区下鴨泉川町
松尾大社
京都市西京区嵐山宮町
六角堂
京都市中京区堂之前町

記紀が編まれた頃は辺鄙な土地だった京都

古寺・古社といえば、奈良とあわせて京都のことを思い浮かべる人が多いだろう。だが周知のように、京都が都となったのは延暦《えんりゃく》十三年（七九四）に桓武《かんむ》天皇によって平安遷都が行われてからであり、京都中心部の古寺社のほとんどはそれ以後に建てられたものだ。

したがって、記紀には京都の寺社はほとんど登場しない。全国の稲荷《いなり》神社の総本社である伏見稲荷大社も創祀されたのは奈良時代の和銅四年（七一一）のことなので、当然、記紀には登場しない。

京都古社寺概略図

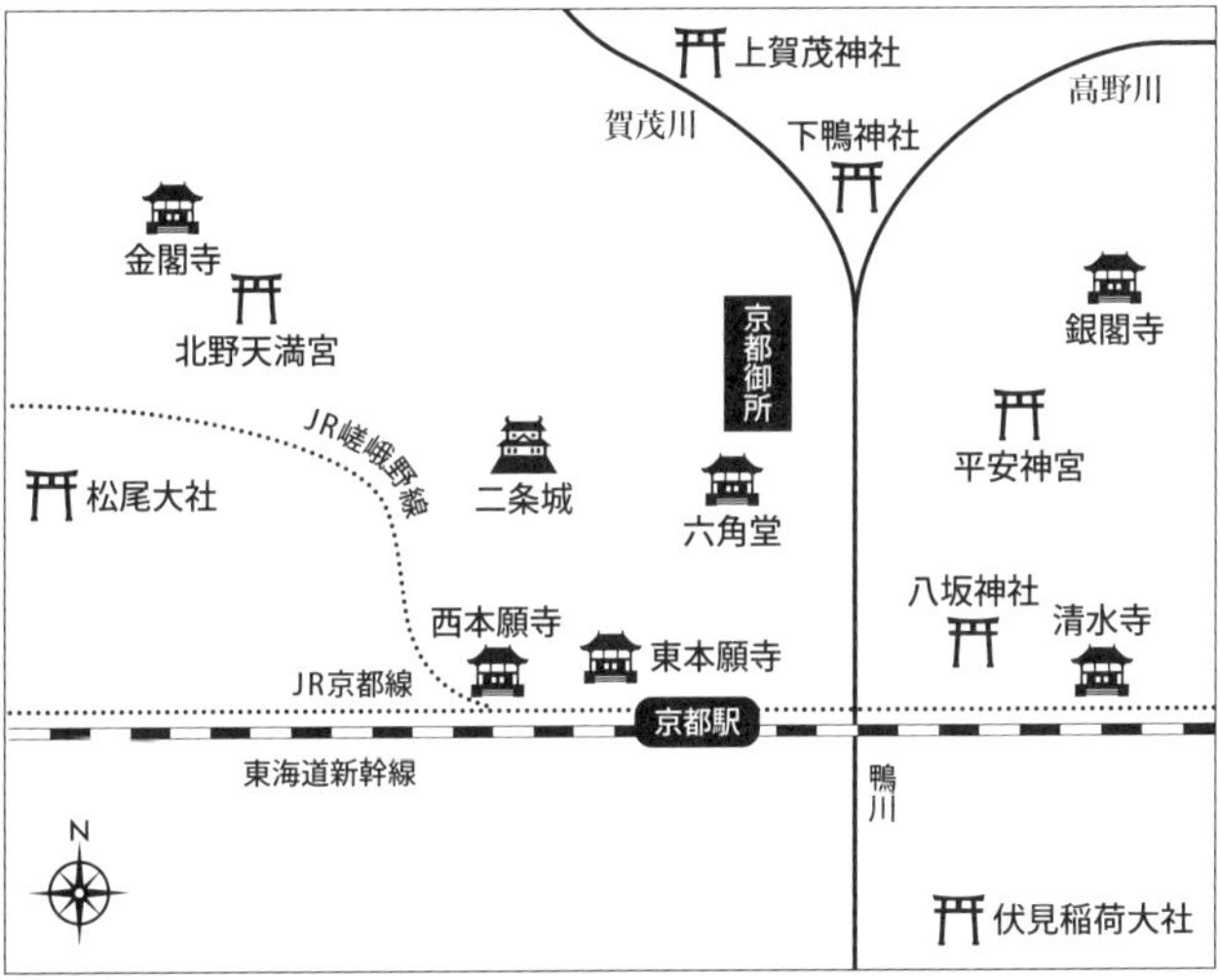

京都市を含む現代の京都府南部は、記紀が編纂された八世紀のはじめごろは山代《やましろ》国あるいは山背《やましろ》国と称されていた。ヤマシロという国名の由来は、この地域が古代の政治の中心地である大和から見て奈良山の後ろ（背後）にあたったから、つまり「ヤマのウシロ」の意だといわれる。当時の奈良の人々がこの地をどう見ていたか、そしてまた、この地がどのような風土だったかが伺える地名であろう。

それを「山城国」と改めたのは平安時代最初の天皇となった桓武天皇である。桓武天皇は延暦三年（七八四）にすでに山背国に属す長岡京に遷都を行っていたが、その十年後に平安遷都を行うと、「山背国」を改めて「山城国」とするよう詔《みことのり》を出した。「山や川に囲まれた地形がまるで天然の城のようだから」というのが改称の表向きの理由だったが、「背」という字が都にふさわしくないと嫌われたこともあったのだろう。

つまり、平安遷都以前の京都は、未開の沃野のような土地であった。

京都の鎮守・賀茂神社

とはいえ、もちろん人は住んでいたし、社寺もまったくなかったわけではない。平安遷都以前から京都にあった神社、つまり京都の地に深く根を下ろしている神社の代表格ということになれば、賀茂《かも》神社ということになろう。

京都の賀茂神社は、正確には二つからなる。ひとつは、賀茂山（神山《こうやま》）の麓の、賀茂川（鴨川）上流の東岸に鎮座する賀茂別雷《かもわけいかずち》神社（通称・上賀茂《かみがも》神社／京都市北区上賀茂本山）。もうひとつは、そこから四キロほど南東に行った、賀茂川と高野《たかの》川の合流地付近に鎮座する賀茂御祖《かもみおや》神社（通称・下鴨《しもがも》神社／京都市左京区下鴨泉川町）だ。

上賀茂神社は賀茂別雷神《かもわけいかずちのかみ》を、下鴨神社は玉依媛命《たまよりひめのみこと》と賀茂建角身命《かもたけつのみのみこと》を主祭神と

上賀茂神社　京都でもっとも古い神社のひとつ。ユネスコ世界遺産に登録されている

して祀っている。上賀茂・下鴨の両社は記紀にはあらわれず、これらの祭神も記紀にはまったく登場しないが（下鴨の玉依媛命と、記紀で神武天皇の母神となっている玉依姫は別神）、『山城国風土記《ふどき》』逸《いつ》文《ぶん》などによると、賀茂建角身命は神武《じんむ》天皇の東征の先導役を務めた神で、大和の葛《かずら》木《き》山、山代国岡田の賀茂（京都府木津川市加茂町）などをへて賀茂川上流域へと至ったという。賀茂建角身命の娘が玉依媛命であり、玉依媛命が川上から流れ下ってきた丹塗り矢（じつは火雷《ほのいかずちの》神《かみ》の化身）を夫として生んだ子神が賀茂別雷神である。また、平安時代初期に成立した古代諸氏族の系譜集である『新撰《しんせん》

姓氏録《しょうじろく》』の「山城国神別《しんべつ》」巻の「鴨県主《かものあがたぬし》」の項では、賀茂建角身命は神武天皇を先導したヤタガラスの化身と説明されている。

いささかややこしいが、上賀茂は若い雷神を祀り、下鴨はその雷神の母神と祖父神、つまり雷神の祖神（御祖）を祀っているという格好になる。

そして、早くから両社の神官を務めてきた賀茂氏は、賀茂建角身命の末裔と伝えられていて、彼らは平安遷都以前から、京都盆地の現在の両賀茂社を中心とする地に住み、一帯を支配していたと考えられている。ちなみに、『方丈記』で有名な鎌倉時代の歌人鴨長明《かものちょうめい》は賀茂氏の流れで、父は下鴨神社の正禰宜《せいねぎ》であった。

つまり、賀茂神社は、元来、京都に古くから住み着いていた賀茂氏の氏神として成立し、信仰されてきたのである。

なぜ上賀茂神社と下鴨神社に分かれたのか

だが、なぜ、上賀茂・下鴨の二つに分かれているのだろうか。

先に成立したと思われるのは上賀茂神社で、社伝（『山城国風土記』逸文、『賀茂旧記』など）によると、往古、いったん天に昇った賀茂別雷神が本殿背後にそびえる賀

下鴨神社　賀茂川と高野川の合流点から一直線に伸びた参道と、その正面に神殿という直線的な配置になっている

茂山に降臨したことにはじまるという。六世紀なかばには欽明《きんめい》天皇の命で賀茂神の祟りを鎮める祭りが行われた。これが、賀茂祭（葵祭《あおいまつり》）のはじまりとされている。そして天武《てんむ》天皇六年（六七七）に社殿が造営されたという。

下鴨神社のほうは創祀が不詳で、確実な史料における初出は、『続日本後紀《しょくにほんこうき》』承和《じょうわ》十五年（八四八）二月条の「天平勝宝《てんぴょうしょうほう》二年（七五〇）に賀茂御祖大社に神田《しんでん》を奉った」という記述になる。つまり、遅くとも八世紀なかばには下鴨神社は存在していたということになる。

こうしたことから、奈良時代はじめ

までは、賀茂神社といえばひとつしかなく、それは現在の上賀茂神社にあたるものだけだったが、奈良時代に入って、すでに下鴨の地に分社としてあった小社を整備するようなかたちで、新たに下鴨神社が分立されたのだ、とする見方がある。

なぜ分立されたのか。

八世紀前半、賀茂神社では群衆が参加して賀茂祭が非常に盛大に行われるようになり、ときに乱闘が生じるほどであった。朝廷側はこのことを危険視し、賀茂神社を上下の二つに分けることとし、下鴨神社を新たに創祀させたのではないか——というのがひとつの仮説である（井上光貞『日本古代国家の研究』）。見方をかえれば、賀茂神社の神威がそれだけ強力なものとして認識されていたということだろう。朝廷は京都盆地で賀茂氏が強大化することを恐れたという見方も可能である。

しかし、結論からいえば、賀茂神社の勢いが抑えられることはなかった。

八世紀末になって都が京都に遷って長岡京、平安京が誕生すると、二つの賀茂神社は新都を代表する神社として特別扱いを受けるようになり、高い位階や社格が朝廷から与えられることになったからだ。

平安京に都が定着すると、両賀茂社は王城鎮護の神社として伊勢神宮に次ぐ尊崇を受けるようになり、九世紀からは未婚の皇女が斎王《さいおう》（斎院《さいいん》）として賀茂社の神事に奉仕することが慣例化した。そして賀茂祭での斎王の華やかな行列は、『源氏物語』にも描写されるように桟敷もうけられて大勢の見物人でにぎわい、京の大路は雑踏で埋め尽くされたのである。

『古事記』には言及されている松尾大社

賀茂社とならび、京都の有数の古社として知られるのが、桂川の西岸、松尾山《まつのおやま》の麓に鎮座する松尾大社《まつのお》（京都市西京区嵐山宮町）である。

桂川は古くは葛野川《かどのがわ》と呼ばれ、その一帯は山城国葛野郡に属した。葛野は、応神朝《おうじん》に朝鮮半島からやって来たという渡来系氏族秦氏《はた》が早くから移住して開拓し、本拠とした地としても知られる。したがって、松尾大社は秦氏とのつながりが強く、その神職は秦氏系の一族が務めてきた。

松尾大社は大山咋神《おおやまくいのかみ》と市杵島姫命《いちきしまひめのみこと》を主祭神としている。この神社については、『日本書紀』には言及はないが、『古事記』にはわずかに言及されている。スサノオの御子神大年神《おおとしのかみ》の子孫の系譜のなかに、つぎのような記述があるからだ。

松尾大社　太古の昔より松尾山に磐座（いわくら）を祀って尊崇したのが始まりと伝えらる

「大山咋神、亦《また》の名は山末《やますえ》之《の》大主神《おおぬしのかみ》。この神は、近淡海国《ちかつあふみのくに》（近江国）の日《ひ》枝山《えのやま》（比叡山《ひえいざん》）に坐《いま》し、また葛野《かづの》の松《まつ》尾《のお》に坐して、鳴鏑《なりかぶら》（鏑矢）を用《も》つ神ぞ」

　オオヤマクイの別名である「山末之大主神」については、「山の頂を支配する神」「山頂の偉大な主人」などと解する説がある。オオヤマクイという神名については、山頂に神霊の依《よ》り代《しろ》として立てられた杙《くい》（杭）のことと解することができるので、とにかくこの神は山と深い関わりをもつ神のようである。そして、「日枝山」は比叡山の東麓に鎮座する日吉《ひよし》大社、「葛野の松尾」は松尾大社のことをさしていると考えられる。また、オオヤマクイは矢を持っているとさりげなく記されているが、このことは、のちほど改めてふれるが、松尾大社の古伝承を考えた場合に、非常に重要なポイントとなってくる。

結局、オオヤマクイは日吉大社と松尾大社に降臨したことになるが、たしかに松尾大社だけでなく日吉大社も古くから大山咋神を祀っていて、このことから日吉大社と松尾大社は同体だなどといわれることがある。

もうひとつの祭神、市杵島姫命は九州の宗像大社の三女神の一柱である（48ページ参照）。なぜ、遠く九州の海人族の女神が祀られたのだろうか。一説に、海上交通の守護神としての宗像神（市杵島姫命）を、暴れ龍のごとく氾濫を繰り返す葛野川（桂川）の治水の神、水難除けの神、水の神として秦氏が迎えたのだという（丘眞奈美『松尾大社　神秘と伝承』）。

山中の磐座が松尾大社のルーツ

だが、松尾大社がいつ創祀されたのかについてははっきりしていない。

平安時代後期の文人大江匡房《おおえのまさふさ》が朝廷の儀式や祭儀について著した『江家次第《ごうけしだい》』に

「大宝《たいほう》元年（七〇一）、秦都理《とり》、始めて神殿を立つ」とあるのが、『古事記』を除けば、松尾大社の草創に関するもっとも古い史料のひとつとされている。秦都理はこの神社を奉斎した秦氏の人物である。ただし、これは社殿の創建を示すものであって、創祀そのものの時期については依然、不明である。

松尾大社の草創に関する重要な史料としては、十世紀初頭に書かれた年中行事書『本朝月令《ほんちょうげつれい》』に引かれている『秦氏本系帳』という文献もある。秦氏の祖先伝承を集めたものだが、その中にも都理が登場する箇所があり、「大宝元年に秦忌寸都理《はたのいみきとり》が、（当初の鎮座地である）日埼岑《ひさきのみね》から松尾に（松尾大社の祭神を）勧請《かんじょう》した」といったことが記されている。

「日埼岑」というのは松尾山の山頂近くにある磐座《いわくら》のことではないかといわれていて、そのそばには松尾山の水源を祀る「水元《みずもと》さん」がある。つまり、この記述は、大宝元年の社殿創建以前から、「日埼岑」を聖地として松尾大社がすでにあったことを示している。

松尾山の山中には古墳が点在しているが（松尾山古墳群）、これらはおそらく秦氏が築いたものだろう。

葛野を開拓した秦氏が祖霊の眠る松尾山の磐座を神聖視して奉斎したのが、松尾大社のルーツなのではないだろうか。

賀茂神社と松尾大社の秘められた関係

前述した『秦氏本系帳』には、賀茂神社と松尾大社が伝承や祭祀の点で共通性をもっていることに触れた興味深い箇所もある。

そこにはまず、先に触れた『山城国風土記』逸文の賀茂社縁起とほぼ同じような賀茂建角身命の伝説が記されているのだが、それにつづけて、その異伝のようなかたちで別の縁起が記されている。

それをみると、川上から流れ下ってきた矢と交わって賀茂別雷神を生むのは玉依媛命ではなく秦氏の娘に代わっており、しかも矢が流れて来た川は賀茂川ではなく葛野川（桂川）となっている。さらに、賀茂別雷神の父にあたる矢は、火雷神ではなく松尾大明神《だいみょうじん》（＝オオヤマクイ）の化身となっている。つまり、賀茂別雷神はオオヤマクイの御子神ということである。

加えて、「秦氏が上賀茂・下鴨両社と松尾大社を祀ったが、賀茂氏が秦氏に婿入りしたので、秦氏は婿の賀茂氏に賀茂祭を譲り与えた」ということまで記されている。賀茂社は当初は秦氏が祀っていたが、のちに婿となった賀茂氏にそれを譲ったというのである。松尾大社の祭礼である松尾祭の別名が葵祭であることは、賀茂社との強いつながりをしのばせる。

なにやら、秦氏が賀茂氏の伝承を勝手に拝借して書き換えたようにもみえるが、前述したように、『古事記』がオオヤマクイつまり松尾大明神を「鏑矢をもつ神」とし、矢と関連づけていることを考えると、矢を火雷神ではなく松尾大明神の化身とする秦氏側の伝承は整合性をもつ。むしろ、葛野川を舞台とした秦氏の伝承こそがオリジナルで、それを拝借したのは賀茂氏の側だった可能性もあるのではないか。あるいは、秦氏と賀茂氏の協力的な関係がここに暗示されているのだろうか。

いずれにしても、長岡遷都、平安遷都がなると、松尾大社も賀茂社と同じように王城鎮護の社として国家的な崇敬を受けるようになり、東の賀茂、西の松尾と称されたのである。

ちなみに、平安京の造営に際しては葛野を本拠とした秦氏が経済的な支援をしたという見方もあり、村上《むらかみ》天皇（在位九四六〜九六七年）の日記『天暦御記《てんりゃくぎょき》』には、平安京の大内裏《だいだいり》の地がもとは秦河勝《はたのかわかつ》の邸であったとする伝承があることが記されている。秦河勝は聖徳太子に仕えた、秦氏の族長的人物である。

平安遷都が行われ、また平安京が千年以上にわたって続いたのは、賀茂社と松尾大社が山城の地に古くから守護神として鎮座していたことと、決して無関係ではない。

聖徳太子ゆかりの京都の「へそ」、六角堂

京都の最初期の寺院としては、推古天皇十一年（六〇三）創建と伝わる広隆寺《こうりゅうじ》（京都市右京区太秦《うずまさ》）がある。秦河勝が聖徳太子から授けられた仏像を祀るためにつくられた寺で、当初は蜂岡寺《はちおかでら》といい、場所も現在地とは異なっていたらしい。この一帯に蟠踞した秦氏の氏寺《うじでら》でもあるが、その草創についてはすでに『日本書紀』に記されている。

記紀に記されていない、これに並ぶ京都の古寺というと、京都の街中に位置する頂法寺《ちょうほうじ》、通称六角堂《ろっかくどう》（京都市中京区六角通東洞院西入堂之前町）がある。古くから貴賤の参詣を集め、また、鎌倉時代初期、若き日の親鸞《しんらん》が参籠《さんろう》して観音の示現《じげん》に遭い、浄土真宗開立のきっかけとなったというエピソードはよく知られている。

寺伝によると、聖徳太子が四天王寺建立の材木を求めて京都盆地を訪れたとき、霊夢を得て六角形の小堂を建て、念持仏《ねんじぶつ》だった如意輪《にょいりん》観音像を安置したのがはじまりだという。だとすれば飛鳥《あすか》時代の創建ということになるが、残念ながら、古い確実な史料にはこのような記述は見出せず、この創建縁起は伝説色が濃い。

だが、六角堂の歴史の古さを伝えようとする伝説にはこんなものもある。

平安京造営に際して条里が制定されたとき、六角堂がちょうど路の上にあたってしまった。人々がどうすべきか思案していると、一天にわかにかき曇って黒雲が下り、六角堂を包んだかと思うと、お堂がみずから北へ五丈（約一五メートル）ほど移動した。このおかげで新都造営が無事に終わったという。平安京成立以前に六角堂が建立されていたことを前提とするこの説話は、鎌倉時代に書かれた仏教史書『元亨釈書《げんこうしゃくしょ》』にすでに記されている。

ユニークなのは、境内にある「へそ石」の由来だろう。

境内の一角に中央に丸い穴のあいた建物の礎石のような六角形の石が置かれている。かつては六角堂の前を通る六角通の真ん中にあったが、明治初年に寺院の脇門の中へ移された。

六角堂　正式には紫雲山頂法寺。本堂裏には聖徳太子沐浴の伝説にちなむ池や太子堂がある

その石の当初の位置が本堂の本来の位置ともいわれているが、この石自体は、京都のほぼ中心にあるということから「へそ石」とも古くから呼ばれている。真ん中がくぼんでいるので、何やらへそのようにも見えるところがご愛敬だが、一説によると、聖徳太子開基以前からこの地にあった神石だという。この石の下には山城国の地霊が横たわっているのだろうか。

コラム④

近代に創建された橿原《かしはら》神宮

『日本書紀』には登場しないが、『日本書紀』の記述をもとに近代になって創建された神社がある。神武《じんむ》天皇が営んだ橿原宮《かしはらのみや》の跡地とされる場所に鎮座して、神武天皇とその皇后・媛蹈鞴《ひめたたら》五十《い》鈴媛命《すずひめのみこと》を神として祀る橿《かし》原《はら》神宮（奈良県橿原市久米町）がそれである。

『日本書紀』によれば、九州から東遷し、大和平定を果たした神武天皇（神日本磐余彦《かむやまといわれびこの》尊《みこと》）は畝傍山《うねびやま》の東南の橿原の地を「国の墺《くむ》区《しら》（＝奥まった安住の地）」ととらえ、ここを都と定めて宮を造営した。こうしてできたのが橿原宮（『古事記』では「白檮原宮《かしはらのみや》」と書かれる）で、神武は辛酉《しんゆう》年正月一日にここで正式に皇位について初代天皇となった。それは、西暦にあてはめると紀元前六六〇年のこととされている。

つまり、橿原宮は天皇の宮殿のはじめであり、日本最初の都であった。

だが、橿原という地名ははやくに消えてしまったらしく、橿原宮の場所は長く不詳となってしまった（畝傍山周辺の町村が合併して橿原市が誕生し、「橿原」の地名が復活したのは昭和戦後）。ところが、明治維新をへて天皇中心の国家体制が固まってゆくと、初代天皇神武を敬仰・顕彰する気運がいきおい盛り上がっていった。

橿原神宮　神武天皇が即位した宮の跡地であり、「日本建国の地」とされる

　こうしたなか、『橿原神宮史』によると、奈良県会議員で同県高市《たけち》郡上子島《かみこしま》村（現・高取町上子島）の住民だった西内成郷《にしうちなりさと》が、「畝傍山東南麓の畝火村に神武の橿原宮跡がある」という噂をききつけて宮跡の探索を行い、畝傍山東南の小丘、古くはキダハシと呼ばれ、当時は高畠《たかはたけ》と呼ばれていた字《あざ》を宮跡と推定した。これらの字名が「宮殿にのぼる階《きざはし》」を連想させるうえに、古老の話ではかつてそこは堀で囲まれ、地元では「御宮趾」だとも伝えられていたからだ。確信を得た西内は、明治二十一年（一八八八）二月一日、建言書を記し、明治政府に対して同地を橿原宮跡と確定し保存してもらうことを請願した。

　西内の建言は、紆余曲折があったものの

（宮跡の候補地は他にもあった）、最終的に政府側に受け入れられ、同二十二年四月には、宮跡に確定された畝火村の高畠一帯の土地が宮内省によって住民から買い上げられることが決まった。

同じころ、これに影響を受けて、跡地に神武天皇を祀る神殿を創建しようという動きが近在の住民のあいだから生じていた。同年七月、内務省はこれを許可し、しかもこの話は明治天皇の耳にも届いていて、神社神殿として京都御所の内侍所《ないしどころ》と神嘉殿《しんかでん》が下賜されることが通達されたのである。

同二十三年一月、本殿（内侍所）と拝殿（神嘉殿）の移築が完了し、三月、明治天皇によって社号は橿原神宮、社格は官幣《かんぺい》大社と決定し、四月二日に鎮祭が勅使参列のもとに執り行われ、橿原神宮は創建をみた。事業費用の半分は民間からの寄付金で賄われたという。

このように、橿原神宮の創建は、決して政府が強権的に進めたものではなく、経済面も含めて半官半民のようなかたちをとったものだった。

むろん、神武天皇は実在性の薄い伝説的人物であり、橿原宮が現実に存在していた可能性もかぎりなく低い。だが、たとえ伝説のなかとはいえ、「畝傍山の東南の橿原」が初代天皇の宮都とされたことには、なんらかの理由があったはずである。――「畝傍山の東南の橿原」を古代人にとっての重要な聖地、

畝傍山　香具山（かぐやま）・耳成山（みみなしやま）と並んで大和三山のひとつ。三山では一番高い

「ヤマトの安住の地」に位置づけるような古伝承が語られていたのではないだろうか。

昭和十三年（一九三八）、神域の大幅拡張事業にともない橿原神宮周辺で発掘調査が行われた。その結果、縄文時代晩期を中心とする集落遺跡がみつかったが、注目を集めたのはイチイガシの樹林跡である。カシハラという地名は、そこがカシの多生地であったことに由来するのだろうといわれていたからであった。

主要参考文献

小島憲之ほか校注『新編日本古典文学全集　日本書紀』(全三巻) 小学館、一九九四〜一九九八年
坂本太郎ほか校注『日本書紀』(全五巻) 岩波文庫、一九九四〜一九九五年
西宮一民校注『新潮日本古典集成　古事記』新潮社、一九七九年
中村啓信監修・訳注『風土記』(全二巻) 角川文庫、二〇一五年
今泉忠義訳『訓読　続日本紀』臨川書店、一九八六年
東野治之校注『上宮聖徳法王帝説』岩波文庫、二〇一三年
沖森卓也ほか編著『古代氏文集』山川出版社、二〇一二年
桜井徳太郎ほか校注『日本思想大系20　寺社縁起』岩波書店、一九七五年
國學院大學日本文化研究所編『縮刷版　神道事典』弘文堂、一九九九年
伊藤義教『ペルシア文化渡来考』ちくま学芸文庫、二〇〇一年
井上光貞『日本の歴史1　神話から歴史へ』中公文庫、一九七三年

井上光貞『日本古代の王権と祭祀』東京大学出版会　一九八四年
井上光貞『日本古代国家の研究』岩波書店、一九六五年
井上頼寿『京都民俗志』平凡社、一九六八年
上田正昭『私の日本古代史』（全二巻）新潮社、二〇一二年
上原真人『古代寺院の資産と経営』すいれん舎、二〇一四年
榎村寛之『伊勢神宮と古代王権』筑摩書房、二〇一二年
岡田精司『古代王権の祭祀と神話』塙書房、一九七〇年
『橿原神宮史』（全三冊）橿原神宮庁、一九八一～八二年
木下正史『飛鳥幻の寺、大官大寺』角川書店、二〇〇五年
志水正司『古代寺院の成立』六興出版、一九七九年
新谷尚紀『伊勢神宮と三種の神器』講談社、二〇一三年
新谷尚紀監修『神社に秘められた日本史の謎』宝島社新書、二〇二〇年
新谷尚紀監修『神様に秘められた日本史の謎』洋泉社歴史新書、二〇一五年
新谷尚紀監修『古寺に秘められた日本史の謎』洋泉社歴史新書、二〇一六年
末木文美士ほか編『東アジア仏教史11　日本1　日本仏教の礎』佼成出版社、二〇一〇年
谷川健一編『日本の神々』（全十三巻）白水社、一九八四～八七年

筑紫申真『アマテラスの誕生』講談社学術文庫、二〇〇二年
直木孝次郎『直木孝次郎古代を語る3　神話と古事記・日本書紀』吉川弘文館、二〇〇八年
直木孝次郎『日本歴史2　古代国家の成立』中公文庫、一九七三年
中野幡能『八幡信仰』はなわ新書、一九八五年
西田長男『日本神道史研究』（全十巻）講談社、一九七八～七九年
西田長男・三橋健『神々の原影』平河出版社、一九八三年
西本泰『住吉大社』学生社、一九七七年
古川順弘『古代神宝の謎』二見書房、二〇一八年
古川順弘『「日本の神々」の正体』洋泉社歴史新書、二〇一六年
古川順弘『人物でわかる日本書紀』山川出版社、二〇一九年
福永光司ほか『日本の道教遺跡』朝日新聞社、一九八七年
松尾大社編『松尾大社』学生社、二〇〇七年
松尾大社監修・丘眞奈美著『松尾大社　神秘と伝承』淡交社、二〇二〇年
松前健『日本の神々』中公新書、一九七四年
松前健『日本神話の謎』大和書房、一九八五年
三浦佑之『古事記神話入門』文春文庫、二〇一九年

『三品彰英論文集第4巻　増補・日鮮神話伝説の研究』平凡社、一九七二年
三橋健『かぐや姫の罪』新人物文庫、二〇一三年
三橋健監修『神道に秘められた日本史の謎』洋泉社歴史新書、二〇一五年
村井康彦『出雲と大和』岩波新書、二〇一三年
森浩一『記紀の考古学』朝日文庫、二〇〇五年
森浩一ほか『三輪山の考古学』学生社、二〇〇三年
吉村武彦ほか編『シリーズ古代史をひらく　古代寺院』岩波書店、二〇一九年
『歴史読本』編集部編『消えた古代豪族「蘇我氏」の謎』中経の文庫、二〇一六年
若井敏明『「神話」から読み直す古代天皇史』洋泉社歴史新書、二〇一七年
和田萃編『大神と石上』筑摩書房、一九八八年
和田萃編『熊野権現』筑摩書房、一九八八年

編者略歴

三橋 健（みつはし・たけし）

1939年、石川県生まれ。神道学者。神道学博士。國學院大學文学部日本文学科を卒業。同大学院文学研究科神道学専攻博士課程を修了。1971年から74年までポルトガル共和国のコインブラ大学へ留学。帰国後、國學院大學講師、助教授を経て教授となる。1992年、「国内神名帳の研究」により國學院大學から神道学博士の称号を授与。定年退職後は「日本の神道文化研究会」を主宰。『神社の由来がわかる小事典』（PHP新書）、『図説 神道』（河出書房新社）ほか著書多数。

＜執筆協力＞

古川順弘（ふるかわ・のぶひろ）

1970年、神奈川県生まれ。早稲田大学第一文学部卒業。宗教・歴史分野を扱う文筆家・編集者。『人物でわかる日本書紀』（山川出版社）、『古代神宝の謎』（二見書房）、『神と仏の明治維新』（洋泉社）ほか著書多数。

【写真提供】
Adobe Stock、写真AC、国立国会図書館、古川順弘

日本書紀に秘められた古社寺の謎
神話と歴史が紡ぐ古代日本の舞台裏

2020年7月20日 初版第1刷発行
2023年10月10日 初版第5刷発行

編　　者 三橋 健
発 行 者 江尻 良
発 行 所 株式会社ウェッジ
〒101-0052 東京都千代田区神田小川町1丁目3番地1
NBF小川町ビルディング3階
電話 03-5280-0528 FAX 03-5217-2661
https://www.wedge.co.jp/ 振替00160-2-410636

装　　幀 佐々木博則
組版・地図 辻 聡
印刷・製本 株式会社暁印刷

＊定価はカバーに表示してあります。
＊乱丁本・落丁本は小社にてお取り替えいたします。
＊本書の無断転載を禁じます。

ISBN978-4-86310-225-5 C0026